高校生・大学生のための読書の教科書

アウトプット力を高める11のワーク

稲井達也 編著

影山陽子・松崎史周 著

学事出版

はじめに

　この本は、高校生と大学生を対象に、読書について楽しく学びながら、実社会・実生活に生きて働く言語運用能力を育成することを目指しています。読書の学習を通して、多様な言語運用能力の育成を図ることに焦点を当てています。いわゆる「汎用的な能力」の育成を視野に入れています。

　高校では、2018（平成30）年に学習指導要領が告示され、主体的・対話的で深い学びの実現、資質・能力の育成、カリキュラム・マネジメント、社会に開かれた教育課程の実現などが示されました。また、高大接続改革が始まり、大学入試センター試験が大きく変わるなどの入試制度改革が始まります。

　一方、大学では、教育の充実が一層求められています。学習や研究を進める上では「文章を読む」「書く」「話す・聞く」といった総合的な言語運用能力が必要です。そして、大学での学びは社会につながっていきます。

　読書は言語生活の基盤を作るものに他なりません。実社会・実生活では、本を読む能力を身につけておくことが欠かせないのです。本書では読書の楽しみを実感しながら、総合的な言語運用能力を身につけ、生徒や学生の主体的な読書生活につなげていくことができるように、スモール・ステップで読書について学べるように構成しています。言語運用能力を養うトレーニングとして、読書の学習を位置付けています。

　現代社会では、「すぐに役に立つ」ものばかりが求められています。例えば、自然科学分野の研究でも、基礎研究が大切にされていません。文学も役に立たないものにされる傾向があります。そういう意味では、読書には即効性はありません。

　「すぐに役立つもの」は、「すぐに役立たなくなる」面があります。「すぐ役立つ」「すぐに役立たない」だけで判断する人生は、つまらないものです。同時にリスクを伴います。国家や社会が考える「すぐに役立つ」ものを求めなくなった時に、個々人が対応できなくなってしまいます。

　言葉は人々が営々と積み重ねてきた歴史や感性の地層の底深くに脈々と流れる静かな水脈のようなものです。そういう意味で言語は道具ではなく、文化そのものといえるでしょう。普遍的なもの、いつの時代も変わらないもの、その営みの一つが読書というものではないでしょうか。

稲井達也

高校生・大学生のための読書の教科書
アウトプット力を高める11のワーク

もくじ

はじめに　3

序章　本を読める人になる ……………………………… 7
これからの実社会・実生活で求められる資質・能力と読書………8
　(1)　これからの社会　8
　(2)　新しい大学入試センター試験で求められる能力と大学の学び　8
　(3)　実社会・実生活で求められる資質・能力を身に付けるための読書　9
　(4)　スキル・アップとして、インプットとアウトプットを経験する読書　10
　(5)　人生を豊かにする「習慣」としての読書　13

Ⅰ章　読書生活への誘（いざな）い ……………………………… 15
1　本は読まなくてはならないものなのか？……………………16
2　この教科書の使い方……………………………………………17
　　(1)　本書の特徴　17
　　(2)　ワークの進め方　18
3　チェックイン・シート＆
　　リフレクション・チェックアウト・シートの使い方………19
　　チェックイン・シート　20
　　リフレクション・チェックアウト・シート　21

Ⅱ章　読書生活を考える ……………………………… 23
Step 0　読書生活を振り返ろう………………………24
　　　　【ウォームアップ】読書ライフラインを書いてみよう……25

Ⅲ章 読書生活の創造 ……………………………………………… 27

- Step 1　素敵な本に出会う ……………………………………… 28
  - ワーク1　書店や図書館の素敵なところを見つけよう ……… 29
- Step 2　本の分野を知る ………………………………………… 30
  - ワーク2　様々なジャンルのキャラクターを想像して書いてみよう ……… 31
- Step 3　1冊の本から情報をつかむ …………………………… 32
  - ワーク3　1冊の本から情報をつかもう ……………………… 33
- Step 4　本を選ぶ ………………………………………………… 34
  - ワーク4　読みたい本のリストを作ろう ……………………… 35

Ⅳ章 読書生活をひろげる ……………………………………… 37

- Step 5　新書に出会う …………………………………………… 38
  - ワーク5　新書をリサーチしよう ……………………………… 39
- Step 6　本の森に分け入る〜図書館を使おう ………………… 40
  - ワーク6　図書館ツアーをしよう ……………………………… 40

Ⅴ章 本の魅力の伝え方を知る ………………………………… 43

- Step 7　書評を読む １ ………………………………………… 44
  - ワーク7　書評を読もう ① …………………………………… 45
- Step 8　書評を読む ２ ………………………………………… 48
  - ワーク8　書評を読もう ② …………………………………… 49
- Step 9　本を紹介し合う ………………………………………… 52
  - ワーク9　本を紹介しよう ……………………………………… 53

VI章 本の魅力を伝え合う・伝える ... 55
- Step 10　読書の足跡を残す ... 56
  - ワーク10　書評を書く準備をしよう ... 57
- Step 11　書評サイトに出会う ... 58
  - ワーク11　書評サイトを調べよう ... 59

日本語の練習帳 ... 61
- ドリル 1　語句とその意味 ① ... 62
- ドリル 2　語句とその意味 ② ... 63
- ドリル 3　語句とその意味 ③ ... 64
- ドリル 4　語句とその関係 ① ... 65
- ドリル 5　語句とその関係 ② ... 66
- ドリル 6　敬語と手紙の語句 ① ... 67
- ドリル 7　敬語と手紙の語句 ② ... 68
- ドリル 8　敬語と手紙の語句 ③ ... 69
- ドリル 9　送り仮名と文章の校正 ① ... 70
- ドリル 10　送り仮名と文章の校正 ② ... 71
- ドリル解答 ... 72

コラム
1. AI社会と私たち　14
2. 本との付き合い方を本から学ぶ　22
3. 読書と語彙力　26
4. 活字メディアとインターネット　36
5. ポスト真実とメディア　42
6. 文章の印象を決めるもの　51
7. クリティカル・リーディング　54
8. 話し言葉と書き言葉　60

おわりに　73
著者紹介　75

序章
本を読める人になる

　現代はどのような社会状況に置かれているのでしょうか。そして、読書という営みにはどのような現代的意義や、いつの時代も変わることのない普遍性などがあるのでしょうか。

　本の紹介を交えながら、これからの社会に必要とされる資質・能力という視点で読書について考えます。

　めざすのは「本を読める人」です。

これからの実社会・実生活で求められる資質・能力と読書

(1) これからの社会

　現代社会は、予測の不可能な時代であり、既存の知識では解決できない問題が山積しています。我が国は、少子化社会、超高齢化社会が顕著になってきており、同時に人口減少が徐々に進んでいます。将来的に消滅する可能性のある自治体もあるといわれています。平成の初期に見られたバブル経済のような好景気はもはや再来しないでしょう。

　現代はAI（人工知能；artificial intelligence）社会といわれています。AIが様々な場面で活用される社会です。しかし、AIはけっして明るい未来だけを見せてはくれません。AIによって生活が便利になる一方で、AIによる自動化によって人の労働力を奪っていく可能性もあります。

　ただし、AIが苦手とするのは読解力です。多くのデータ・ベースを蓄積したとしても、AIには複雑な文章を読解することはできないのです。『人工知能プロジェクト「ロボットは東大に入れるか」第三次AIブームの到達点と限界』（新井紀子・東中竜一郎編、東京大学出版会、2018年刊）では、AIの読解力について言及しています。

　グローバル化は我が国の労働市場で一層進んでいます。知識基盤社会といわれる現代社会では、自ら課題を発見し、他者とコミュニケーションを図りながら、様々な解決の道を探り、チームで協働的に解決していく資質・能力が求められています。AIにはできないことではないでしょうか。

(2) 新しい大学入試センター試験で求められる資質・能力と大学の学び

　2018（平成30）年に改訂された高等学校の学習指導要領は、このような社会の激変に対応する資質・能力を育てようとするものです。併せて、学習指導要領の実施に先立って、

大学入試も改革されます。

　新しい大学センター試験には、知識・技能、思考力・判断力・表現力、主体性・多様性・協働性などをみるという方向性があります。そして、記述問題に見られように、**必要な情報を取り出し、与えられた条件に応じて言語化したり数学的に表現したりする表現能力**が求められています。つまり、**広い意味での情報活用能力**が求められているのです。

　大学ではレポートを書く際に資料から必要な情報を取り出し、与えられた条件に併せて取り出した情報を評価したうえで取捨選択し、文章化（言語化）していきます。高校よりも書く機会が格段に増えます。

　大学では、課題の解決に向けて、ねばり強く1冊の書物に向き合う資質が求められています。そして、本を情報資源（リソース）の一つとして積極的に活用しようとする姿勢が欠かせません。

　本書ではこのような資質・能力を育てることを視野に入れています。大学の学びは、実社会・実生活に向けてのトレーニングの場でもあるのです。

(3) 実社会・実生活で求められる資質・能力を身に付けるための読書

　実社会・実生活での読書には教養を高める面と職業人としてのスキル・アップという2つの面があります。それに加えて、娯楽的な読書を通して、感性を豊かにしていく読書もあります。三者はそれぞれがとても大切な読書の姿です。

　今日、理系重視であるとともに実学主義の傾向が高まっています。その一つに、何事も科学的なデータが根拠（エビデンス）として求められるようになっている点が挙げられます。確かにデータは分析的に読み取ることができれば、先入観や偏見で物事を捉えていることに気づかされます。**『FACTFULNESS 10の思い込みを乗り越え、データを基に世界を正しく見る習慣』**（ハンス・ロスリング著、オーラ・ロスリング著、その他著、日経BP社、2018年刊）は、データや事実にもとづき、世界を読み解く習慣を身に付けるため、クイズ形式で問いを出しながら、豊富な具体例を示した1冊です。

　現代社会は、STEM（科学・技術・工学・数学）、そしてビッグデータに基づいた分析が重視され、理系の知識を尊重する傾向にあります。エビデンス重視の在り方もその一つでしょう。このように世界を数字やモ

▶言葉が足りないのは本を読まないから。美しい言葉に触れ素敵な表現を自分の中にストックする。意思の疎通は言葉ありき。（美輪明宏）

デルだけで捉える傾向に疑問を投げかけた書物が、『センスメイキング』(クリスチャン・マスビアウ著、斎藤栄一郎翻訳、プレジデント社、2018年刊)です。

センスメイキングとして挙げられている5原則とは、1「個人」ではなく「文化」を、2 単なる「薄いデータ」ではなく「厚いデータ」を、3「動物園」ではなく「サバンナ」を、4「生産」ではなく「創造性」を、5「GPS」ではなく「北極星」をというものです。つまり、「センスメイキング」の根底には、人の感性や感情を大切にするという考え方が大切にされています。考えてみれば、社会の仕組みを大きく変えるような革新的なアイデアは、例えば、豊かな文化に触れ、芸術的な感性を磨く中で突然頭の中に舞い降りてくるものだといわれています。教養としての読書や感性を豊かにすることは、実は職業人にとって必要なもの、職業生活の基盤をつくるものともいえるのです。文学にはそんな力があります。

センスはデータ化できません。職人やアスリートに限らず、経験を通して身に付けた知識は、暗黙知といわれており、身体化されているため、数字化するのが難しいものです。暗黙知について触れた1冊が『暗黙知の次元』(マイケル ポランニー著、高橋勇夫翻訳、ちくま学芸文庫、2003年刊)です。

(4) スキル・アップとして、インプットとアウトプットを経験する読書

それでは、職業人としてのスキル・アップという面での読書の必要性はどうなのでしょうか。実社会・実生活では、どのような資質・能力が求められているのでしょうか。

最近ではあまりいわれなくなりましたが、経済産業省は2006(平成18)年に「人生100年時代の社会人基礎力」という考え方を示しました。「前に踏み出す力」、「考え抜く力」、「チームで働く力」の3つの能力(12の能力要素)から構成されており、「職場や地域社会で多様な人々と仕事をしていくために必要な基礎的な力」としています。2006(平成18)年からは年月がかなり経過しましたが、現在では新規卒業者には、即戦力が求められるように

なっており、入社の時点で当然に必要とされる力になっているため、わざわざ強調するまでもなくなっているのです。

　我が国の民間企業や役所には、仕事のスキルはOJT（On the Job Training）として、仕事を通して身に付けさせていく文化があります。人材育成は大学ではなく、企業などが行ってきたのです。

　しかし、いくら入社後に研修するといっても、前述したように、**仕事に必要な「社会人基礎力」、言い換えれば「汎用的な能力」というものは、入社というスタート地点で、すでにある程度身に付いていることが前提**になっています。汎用的な能力には、読解力、コミュニケーション能力、論理的思考力、批判的思考力、創造的思考力などが挙げられます。

　例えば、情報を読み取るためのデバイス（端末機器）を使用してデジタル新聞を読んだとしても、役所や民間企業において、メディアとしての新聞は依然として重要な情報源の一つとして活用されています。新聞もまた読書の一つといえるでしょう。

　また、自分のスキル・アップのために、自己の課題を認識し、必要な本を自ら選択し、自ら継続して読むという、ある意味での「勉強」は社会人になってこそ必要とされるものです。

　そして、**社会では、インプットは自分の努力で行い、アウトプットで成果を上げることが必要**とされています。インプットがなければ、アウトプットすることはできません。インプットからアウトプットへの流れを経験するトレーニングが必要です。

　職業生活では、インプットとアウトプットの領域や次元が違っても、その繰り返しなのです。例えば、営業の仕事で顧客と話をした際、話を聞き取ることはインプットであり、重要な情報を評価しながら見極めてメモを取るというのはアウトプットです。

　インプットしたことをアウトプットすることによって、直感的なものを論理的な枠組みに変えていくことができます。アウトプットとして言語化するためには、論理的な思考力が必要とされます。センスによる直感的なものは、一度枠組みを変えて、論理的な枠組みの中で捉え直すことにより、新たな次の思考につなげていくことができるのです。センスを言語化することはとても難しいのですが、漠然としたものを形あるものにしていくためには、とりあえず言葉にしてみることが大切なのです。このような面について提案した１冊が『**直感と論理をつなぐ思考法 VISION DRIVEN**』（佐宗邦威著、ダイヤモンド

▶本を読むということは、自分の知らない世界がもっとあるということを知ること。（岩田徹）

社、2019年刊）です。

　実社会・実生活を見通した場合、このような意味でも、読書というトレーニングは欠かせないものになるでしょう。本を選べない、本を読めない、本から必要な情報を取り出せないということは、ある意味でのハンデになります。しかし、読書は誰からも強要されないため、自らその必要性を感じることは少なく、受身である限り、本を読むという姿勢にはなかなかつながりにくいのです。

　本書では様々なワークを通して、インプットとアウトプットの経験を積んでいきます。

● 本書の読書を通した学習の考え方〈インプットからアウトプットへ〉
（読書を通して、読解力、思考力・判断力・表現力、情報活用能力などの汎用的な能力の育成を図る）

テクストの読み取り・情報の取り出し

・文脈を把握し、テクストから情報を読み取る学習
・目的を理解したうえで、テクストから必要な情報を取り出す学習
・目的に応じて、テクストの比べ読みをする学習

情報の熟考・評価

・比較した複数の情報を評価し、必要のない情報を切り捨て、最も適切な情報を見分ける学習
・取り出した情報の妥当性を評価し、根拠を示して、文脈（コンテクスト）に関連させながら、自分の考えとして組み立てる学習

情報の共有・発信

・表現した情報を共有する学習
・情報の受け手（聞き手や読み手）を意識し、情報を的確に、また効果的に伝え合う・伝える、レポートやポスターなどにまとめる学習

▶世界旅行などしなくても、私なら、本を読んだり想像するだけで、かなり遠くまで飛べます。（漫画『天才柳沢教授の生活』）

(5) 人生を豊かにする「習慣」としての読書

　以上のように、教養のための読書、社会人としてのスキル・アップのための読書、感性を磨く読書は車の両輪のようなものであり、それぞれを明確に区別できるものではありません。教養のための読書、スキル・アップとしての読書、感性を磨く読書は一体となったものです。三者のバランスが大切です。日々の生活は習慣というものの連続体です。
　読書生活を言語生活の一つとして自分の習慣にしていくことは、人生を豊かにし、そして日々の生活を変化のあるものにしていくものに他なりません。クオリティ・オブ・ライフ（QOL）を高めるにも必要な要素といえるでしょう。頭をフル回転したり日頃使わない脳の領域を活性化したりするという点で、**読書ほどアクティブなものはないのです**。
　最後に、村上春樹氏のエッセイから示唆に富む言葉を紹介しましょう。氏の言葉にはマラソンが取り上げられていますが、他の夢中になれるものや、あるいは読書に置き換えて喩えてもいいのではないでしょうか。

　　同じ十年でも、ぼんやりと生きる十年よりは、しっかりと目的を持って、生き生きと生きる十年の方が当然のことながら遥かに好ましいし、走ることは確実にそれを助けてくれると僕は考えている。
　　与えられた個々人の限界の中で、少しでも有効に自分を燃焼させていくこと、それがランニングというものの本質だし、それは生きることの（そして僕にとってはまた書くことの）メタファーでもあるのだ。
　　このような意見には、おそらく多くのランナーが賛同してくれるはずだ。
（『走ることについて語るときに僕の語ること』村上春樹、文春文庫、2010年6月刊、単行本は2007年10月刊）

▶そもそも、本を読むという行為は、難解な言葉、難解な表現を学ぶという重要な役割があるのです。（著者が）平易な言葉、平易な表現を使っていては、その学びの機会を奪うことになるのです。（ドラマ『地味にスゴイ！校閲ガール』）

AI 社会と私たち

　AI（人工知能）が急速に社会に浸透してきています。AI ロボットや AI を利用した自動倉庫、商品管理システムはいうに及ばず、SNS などのコミュニケーションの分野でも進展が目覚ましいものがあります。検索エンジンやネットショッピングの利用など、私たちが生活の中でインターネットを利用すれば必然的に AI に組み込まれます。私たちは既に AI 社会の中で生きています。一方で、その現状については一部の技術者や研究者、関係者以外にあまり知られていないようです。

　2013年、マシーン・ラーニング専門の研究者による論文「雇用の未来」（Carl Benedikt Frey and Michael A. Osborne「THE FUTURE OF EMPLOYMENT: HOW SUSCEPTIBLE ARE JOBS TO COMPUTERISATION?」）が社会に衝撃を与えました。また、発明家で米グーグル在籍のレイ・カーツワイル氏は、人工知能が人間の知性を超える未来、いわゆる「シンギュラリティー」は、2045年に到来すると予測しました。AI が自ら AI を作り始め、人の脳をコンピュータ上に再現したりすることも考えられます。

　なお、AI は1956年、米国のジョン・マッカーシー博士による命名に始まります。
　これまで AI には3回のブームがありましたが、中でも2010年代の第3次ブームでは、グーグルが「猫」画像の認識に成功し、AI が大きく進歩しました。
　ディープ・ラーニング（深層学習）は、ニューラル・ネットワーク（ニューロンと呼ばれる脳組織を模した単位を連結させたネットワーマ上のグラフ）の一技術であり、画像データや波形データのように、記号にできないデータの中でのパターン認識が最も得意なため、囲碁 AI に用いられます。
　複雑な現実世界と向き合う複雑な人工知能の技術は、今後、ますます進展していくと考えられます。そんな AI 社会の中にあって、人間だからこそできることに意識的になることが必要です。例えば、AI の進展によって、自動音声による文字の音読技術により、読書のバリア・フリーが実現します。
　AI が新たな格差を生む技術であってはなりません。AI が社会の様々な差別や障壁を超えていくための有効な技術となるよう、AI の活用を手放しで喜ぶのではなく、私たちは身近なところからその在り方を注意深く見守っていく必要があります。

〈参考文献〉
・日本経済新聞社編、『AI2045 神か悪魔か　あなたの仕事をどう変える？』日経プレミアシリーズ、日本経済新聞社、2018年。
・サイエンス・アイ新書、『絵でわかる人工知能　明日使いたくなるキーワード68』、SB クリエイティブ、2016年。

（稲井達也）

I章
読書生活への誘（いざな）い

「本は読まなくてはならないものなのか？」。

こんなことを考えたことはありませんか。

この根源的な問いを手がかりにして、読書の学びをスタートさせていきます。

まずは、本書の使い方について理解します。

さあ、あなたの心の扉を開けて、読書生活への第一歩を歩み出しましょう。

本は読まなくてはならないものなのか？

　「ネットもスマホもある時代に、別に本なんか読まなくても…」といった声が聞こえてきそうです。それも一理あるかもしれません。
　また、「実は小学生の頃、すごく本が好きでした」「毎日、朝読書の時間があって、けっこう楽しく読んでいました」という声も聞かれます。中学、高校と学年が上がるにしたがって、なんとなく本と疎遠になってしまった人も多いようです。

　さて、新聞記事（朝日新聞、2018年2月26日付）によると、「一日の読書時間がゼロ」という大学生が初めて過半数（53.1％）を超えたそうです。つまり、本を読まない大学生のほうが読む大学生よりも多くなったのです。一方、読書をするという大学生の平均読書時間は51.1分／日で、前年より2.5分延びており、読書をするグループとしないグループの「二極化」が進んでいることもわかりました。

　本は読まなくてはならないものなのか？

　この本を通して、この問いに対するあなたなりの答えを見つけてもらいたいと思います。また、今の大学生の二極化（読書習慣がないグループと読書習慣があるグループ）のどちらのグループにあなた自身が属したいのか。それについても考えてほしいと思っています。

　むかし、けっこう仲良くしていた本と、まずはもう一度仲良くなってみませんか。そのキューピッド役をするのがこの本です。
　そして、これからの人生において、あなた自身が本とどんなふうにつきあっていきたいのか、それを真剣に考えてもらえたらうれしいです。

　この本を通して、本とあなた、まずはお互いの距離を縮めていきましょう。

▶書物を読むということは、他人が辛苦してなしとげたことを、容易に自分に取り入れて自己改善をする最良の方法である。（ソクラテス）

この教科書の使い方

1．本書の特徴

（1）教科書ではなく、一般書（書評集）をつかう

　みなさんはこれまで、文章の読み方を勉強するときに教科書を使ってきたと思います。本書では、教科書ではなく普通に売られている本を使います。

『10代のうちに本当に読んでほしい「この一冊」』
河出書房新社編集部
河出書房　¥660（税抜価格）

> まず、この本を手に入れよう。それで、スタート地点に立ったという感じになるかな。
> 君はふだん、どこで本を買っているの？
> 本屋さん？　ネット書店？　古本屋さんもあるし、フリマアプリでも最近は、扱っているよね。
> 値段も様々で、いろんな選択肢があるから、調べることで、お得になるかもしれないね。

（2）書評集を①読み物として、②自分が書評を書く時のサンプルとして、つかう

　みなさんは書評集というものを読んだことがありますか。本書では、上述の本を2種類の方法でつかいます。

①読み物として、書評集をつかう。

　まずは、書評集を読んでみましょう。『10代のうちに本当に読んでほしい「この一冊」』では、本好きの30人が「親も先生も薦めない本かもしれないけど、これだけは若いうちに読んでおくべき」と思う一冊を紹介しています。まずは、その世界をのぞいてみましょう。

②自分が書評を書く時のサンプルとしてつかう。

　つぎに、皆さん自身も書評を書いてみましょう。「えっ!?」と思いましたか。

　大丈夫です。書評集の分析をして、どんなことを書けばいいのか考えるワークをしていくので心配はありません。

▶良書を読むには悪書を読まぬことを条件とする。人生は短く、時と力とは限られているから。（ショウペンハウエル）

そして、『10代のうちに本当に読んでほしい「この一冊」』をサンプルにして、あなた自身の書評を書きましょう。書評集の執筆者である30人の書き方も一様ではありません。様々な書き方を参考にしながら、あなたにしか書けない書評を書いてみましょう。

２．ワークの進め方

（１）ワークをする相手

　このワークブックでは、①個人ワーク、②グループワーク（３人～８人）があります。①個人ワークには 👤 、②グループワークには 👥 のマークがついています。

> 友だちとワークをすることで、いろいろな気づきが得られると思うよ。

（２）授業の流れ

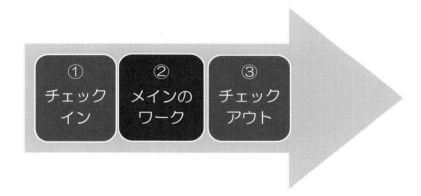

① チェックイン：グループワークに向けて、仲間との輪にチェックイン！
　　　　　　　まずは声を出すことで、その後のワークが活性化します。
② メインのワーク：ステップを踏んで進むメインのワークです。
③ チェックアウト：振り返りをすることで、学習が整理され、誰かと振り返りを共有することで、それが記憶に残ると言われています。

＊日本語練習帳：毎回準備体操をしよう！
　５～10分でできる小さな日本語ドリルです。日本語の練習帳は基本的に一人で行います。

▶すべて良き書物を読むことは、過去の最もすぐれた人々と会話をかわすようなものである。（デカルト）

グループワークを楽しく♡有意義に!

- チェックイン・シートの使い方
- リフレクション・チェックアウト・シートの使い方

チェックイン・シートの使い方

授業の前、5分程度を使って行います。

16のカードから1枚を選び、そのテーマで一人30秒〜1分で話します。

カード番号が大きくなるにつれて、テーマが少しずつ難しくなります。

正解はありません。気軽に話しましょう。

口を動かすこと、他の人の話に耳を傾けましょう。

グループワークの前に場が温まること、それが大事です。

リフレクション・チェックアウト・シートの使い方

授業終了後、5〜10分程度を使って行います。

16のカードから1枚を選び、そのテーマで一人1〜2分で話します。

リフレクションというのは「振り返り」という意味で、授業中の自分や仲間の言動について、思ったことや感じたことを振り返ります。

カード番号が大きくなるにつれて、テーマが少しずつ難しくなります。

正解はありません。思ったことや感じたことを率直に話しましょう。

他の人の話に耳を傾け、一緒に考えましょう。

授業で何をしたのか、そしてそれが自分にとってどうだったのか、これからどんなふうに生かしていけるのか、それを考えることが大事です。

▶書を読んで考えないのは食べて消化しないのと同じ。(エドマンド・パーク)

チェックイン・シート（全体）5分

*どのチェックインにするか番号を選び、一人30秒〜1分で話す。

1 昨日、何時に寝て、今朝何時に起きた？	2 今日、最初に食べたものは何？	3 今日、最初に誰とどんな話をした？	4 どういう交通手段でここまで来た？
5 今の気分を色に例えると何色？（その理由も）	6 最近のマイブームは？	7 最近感動したことは？	8 最近始めたことは？
9 メンバーに「あなたのここが素敵！」を伝えよう。	10 メンバーに「今日の印象」を漢字一文字で伝えよう。	11 メンバーを季節に例えると？（その理由も）	12 メンバーの好きそうな諺を言ってみよう。
13 今日のワークで「期待すること」は？	14 今日のワークで「気にかかること」は？	15 今日のワークで「大事にしたいこと」は？	16 今日のワークで「達成したいこと」は？

リフレクション・チェックアウト・シート（全体）5分～10分

*どのチェックアウトにするか番号を決め、一人1～2分で話す。

1 今回のワークを色に例えたら何色？（その理由も）	2 今回のワークで一番印象的だったことは？	3 ワーク中「最高視聴率！」と思った瞬間は？（その理由も）	4 今回のワークで心に残った「ことば」を一つ紹介して。
5 メンバーの発言で「なるほど」と思ったことは？	6 メンバーの「強み」を本人に言ってあげて。	7 メンバーの誰かに「してあげたい」ことは？	8 今回のワークのMVPは誰？（その理由も）
9 今回のワークで興味を感じた本のジャンルは？	10 今回のワークでブックマークしたいと思ったネットサイトは？	11 今回のワークで「今すぐ知りたい！」と思ったことは？	12 この後、誰か（メンバー以外）に話したくなったことは何？
13 「ワーク中は黙っていたけど、本当はあの時こう言いたかった！」ってことは何？	14 今回のワークでの最大の気づきは？	15 今回のワークの本質は？	16 あなたにとって「本」はどんな存在？

Ⅰ章　読書生活への誘い　21

本との付き合い方を本から学ぶ

　本とどうやって付き合っていけばいいのか。それに応える2冊の本を紹介したいと思います。

『読書力』（齊藤孝著、岩波新書、2002年刊）
　テレビでもお馴染みの齊藤孝氏のベストセラーです。氏は「読書はしてもしなくてもいいものではなく、ぜひとも習慣化すべき『技』だと頑固に考えている（まえがきより）」と述べています。
　また、「文庫100冊、新書50冊を読んだ」＝「読書力がある」といえる、とわかりやすく数字で示しています。体力をつけるように「読書力」をつける。月に4冊というように、トレーニング目標を決めてチャレンジするのもいいのではないでしょうか。

『人生を変える読書　無期懲役囚の心を揺さぶった42冊』
（未達大和著、廣済堂新書、2015年刊）
　この本の著者は2件の殺人を犯し、無期懲役刑に服しているという特異な経歴の持ち主です。刑務所内で美達氏は、わずかな自由時間のほとんどを読書に費やし、月に100冊以上の本を読み、さらに11冊（2018年1月現在）の著書を記してきました。そのうちの1冊が書評集であるこの本なのです。
　7章からなる構成で、閉ざされた空間に生きている人とは全く思えない、私たちが生きる現代社会の状況に即した素晴らしい選書が並んでいます。
　「本書では、1冊の本と出会うことで、気力・智恵を得て、自分を肯定できる、あるいは再発見できる書を、また精神のあり方や生き方に変化が起こるような、刺激を与えてくれる書を選んでみました。（はじめにより）」と述べています。

　本の森の入り口で、立ち止まってしまっているのであれば、この2冊から始めてみるのもお勧めですよ。

（影山陽子）

Ⅱ章
読書生活を考える

　あなたはどういう生活を送っていますか？
　読書を日々の生活に取り入れた「読書生活」という視点で、活字との関わり合いを振り返ります。
　読書生活の第一歩は、まず、あなた自身の読書生活を「見える化」するところから始まります。
　これまでほとんど本を読んだことのない人も、心配する必要はありません。

読書生活を振り返ろう

読書は言語生活の一部です。あなたの言語生活を振り返り、今後の参考にしましょう。

Q1．昨年1年間で、活字が中心の本を何冊読みましたか？　＿＿＿＿＿＿＿冊

Q2．昨年1年間で、雑誌を何冊読みましたか？　＿＿＿＿＿＿＿冊

Q3．昨年1年間で　漫画を何冊読みましたか？　＿＿＿＿＿＿＿冊

Q4．どれくらいの頻度で書店に足を運びますか？
　①全く行かない　②半年に1～2度程度　③月1～2程度　④週1程度　⑤週1以上

Q5．どれくらいの頻度で本学（本校）の図書館に足を運びますか？
　①全く行かない　②半年に1～2度程度　③月1～2程度　④週1程度　⑤週1以上

Q6．どれくらいの頻度で公共図書館に足を運びますか？
　①全く行かない　②半年に1～2度程度　③月1～2程度　④週1程度　⑤週1以上

Q7．どれくらいの頻度でAmazonや楽天ブックス等のインターネット書店のサイトを見ますか？
　①全く見ない　②半年に1～2度程度　③月1～2程度　④週1程度　⑤週1以上

Q8．あなたの生活に「読書」はどれくらい役に立ちますか？
　「読書」の役立ち度を％で示すと＿＿＿＿＿＿％（0～100の範囲で）

Q9．これまでに読んだ本の中で最も良かったものはなんですか？
　書　名　＿＿＿＿＿＿＿＿＿＿＿＿＿＿＿＿＿＿＿＿＿＿＿＿
　著者名　＿＿＿＿＿＿＿＿＿＿＿＿＿＿＿＿＿＿＿＿＿＿＿＿

まとめ　Q1～Q9と「ウォームアップ」であなたの読書生活を振り返ると、全体的にどんなことがいえますか？

▶読書の技術は、よろしく適当にとばして読むことである。(ハマートン)

ウォームアップ　読書生活をグラフにしよう

これまでの「読書生活」を振り返って「読書ライフライン」を書いてみよう！

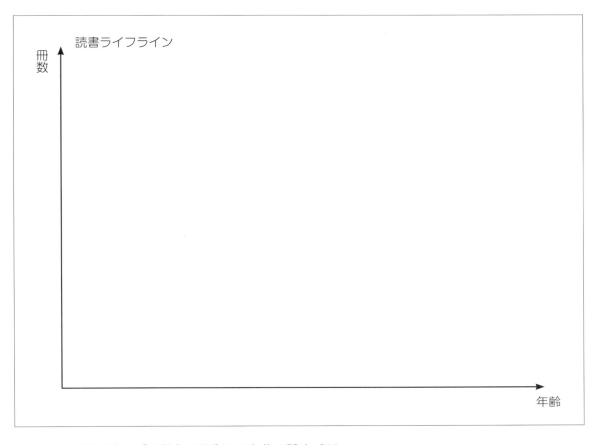

・グラフの縦の線は「冊数」　目盛りは自分で設定 OK
・グラフの横の線は「年齢」　目盛りは自分で設定 OK

▶良書をはじめて読むときには、新しい友を得たようである。前に精読した書物を読みなおす時には、旧友に会うのと似ている。(ゴールドスミス)

Ⅱ章　読書生活を考える

読書と語彙力

　読書の効用として、語彙力や読解力が向上する、想像力や感性が豊かになる、集中力が身に付くなどさまざまなものが挙げられていますが、そのなかでも最近注目されているのが語彙力の向上です。では、語彙力の向上に読書はどのように関わっているのでしょうか。子どもの語彙獲得と重ね合わせて見てみましょう。

子どもの語彙獲得

　子どもは養育者が注意を向けている事物に自分も注意を向け、その事物と養育者が発した言葉とを結びつけて語彙を獲得します。こうしたシステムが1歳半ごろまでには確立していき、それ以後は養育者を中心とした周囲の言葉を頼りに語彙を獲得していくのです。また、子ども自身の経験からも語彙を身につけていきます。たとえば、「約束」という語は日常生活のなかで何かしらの約束に従って行動することを経験することで、その意味が理解され、その意味が「約束」という語と結びつき、獲得されていくのです。

読書の果たす役割

　ただ、養育者の関わりや周囲の言葉、子どもの経験から獲得される語彙はどうしても限られてしまいます。そこで、子どもが経験しにくい事物に関する語彙については、読書をとおして身につけていくことが大切となっていきます。言葉によって描かれている事柄を理解し、その理解によって語彙を獲得していくのです。こうして日常生活だけでは獲得しにくい語彙も獲得していくことができるのですが、読書による語彙の獲得・拡充があるのとないのとでは、語彙の数だけではなく文章の理解度も違ってくることが容易に予想されます。読書への親しみは幼児期の読み聞かせによって開かれることが多いのですが、幼児期に読み聞かせてもらった経験があまりなくても、本を読むことがおもしろいと感じるきっかけがあり、自分から進んで読書するようになれば、読書への親しみは開かれていきます。大切なのは、興味を持って進んで本を選び、読んでいけるかですね。

（松崎史周）

Ⅲ章
読書生活の創造

　読書はあなた自身の内面を豊かにし、世界を広げてくれる創造的な営みです。
　読書生活を自らデザインし、創りあげていくためには、本についての基本的な知識を得ながら、1冊の本と「素敵な出会い」をつくることが大切です。
　人と人との出会いに似ています。
　あなたと本の出会いのために、素敵なきっかけを見つけましょう。

Step 1 本に出会う

 ## Step 1 で学ぶこと

　Step 1 では、学校図書館（高等学校）、附属図書館（大学や高等専門学校）、公共図書館などの図書館、書店、ネット書店など、本と出会う場所について理解します。

 ## 学びのとびら

　本に出会うことのできるのは、次のような場所があります。

○**学校図書館（高等学校）や附属図書館（大学や高等専門学校）**

　学校の敷地内にあるため、身近な図書館です。学校図書館は、独立した建物ではなく、校舎内にあっても、正確には学校図書館法に定められた施設の一つであり、「教育課程の展開に寄与する」ことを目的にした、学習や読書を支援する施設です。大学や高等専門学校などの高等教育機関の附属図書館は独立した建物であることが多く、学術研究や学習を支援するための施設です。身近な図書館を積極的に利用することで、自分の学習に役立てることができます。また、さまざまな本と出会う機会が増えます。

○**公共図書館**

　自治体が経営する図書館であり、住民サービスの一つとして機能しています。ただし、地域内に公共図書館がない自治体もあります。自治体の職員が勤務するのではなく、図書館運営の専門的な民間企業に運営を委託（指定管理者制度）している自治体もあります。民間企業が運営し、カフェを併設している図書館（佐賀県武雄市や神奈川県海老名市など）もあります。芸術スペースと複合施設になっている宮城県仙台市の「せんだいメディアテーク」や、富山市ガラス美術館を併設する富山市立図書館本館などは、地域住民の文化的活動の拠点になっています。近年はユニークな図書館が増えており、市民の憩いの場、学習の場、交流の場として機能しています。

・**書店（インターネット書店に対して、リアル書店ともいわれます）**

　近年は出版不況もあり、個人経営の地域の書店がどんどん閉店しています。もともと書店が一軒もない自治体もあります。地域内でたった一軒の書店が閉店すると地域の文化的な充実度にも影響します。大都市圏の大型書店でさえ、閉店する場合があります。本を買うことが地域の文化の発展に貢献するという意味があるのです。住民には、地域から書店を失わないための努力が求められています。このほか、古書店、新古書店などもあります。古書店は東京都千代田区の神田神保町や新宿区の早稲田大学周辺に集中しており、古本の街ともいわれています。

○**インターネット（ウェブサイト）書店**（「Step4. 本を選ぶ」のワークで実践的に学びます）

　書店に特化しているウェブサイト、書店も併設しているというウェブサイトがあります。

▶他人の自我にたえず耳を貸さねばならぬこと——それこそまさに読書ということなのだ。（ニーチェ）

ワーク1　書店や図書館の素敵なところを見つけよう

1．これまでで、あなたがよく利用していたり（あるいは今も利用している）、印象に残ったりした書店はありますか。どんな書店でしょうか。住まいの近くにある書店でもかまいません。

・こんな書店を利用していた

2．小学校、中学校に併設された「学校図書館」とは、どういう関わりがありましたか。あなたの記憶をたどってみましょう。また、高校の学校図書館はどうですか。

・小学校や中学校の学校図書館

・高校の学校図書館

3．インターネットを活用して、住まいの近くの公共図書館を検索してみましょう。

　図書館の特徴を調べてみましょう。

・図書館の名称　（　　　　　　　　　　）図書館
・公共図書館のある自治体　　　（　　　　　　　　　）都道府県（　　　　　　　　）区市町村
・図書館の特色

4．インターネットで次の図書館の公式ホームページを見て、どんな特色があるか調べてみましょう。それぞれ特色のある図書館です。

①秋田県・国際教養大学中嶋記念図書館

　特色

②宮城県・せんだいメディアテーク

　特色

③岐阜県・みんなの森ぎふメディアコスモス

　特色

④石川県・金沢海みらい図書館

　特色

⑤佐賀県・武雄市図書館＆こども図書館

　特色

▶本は文明の運び人である。本がなければ歴史は何も語れず、文学は沈黙し、科学は無能となり、思想と思索は立ち止まったままとなる。（バーバラ・タックマン）

Ⅲ章　読書生活の創造

Step 2 本の分野を知る

 ## Step 2 で学ぶこと

Step 2 では、本には分野があることを学びます。

友達と好きな音楽の話をする時に、「洋楽が好きなんだ」「私は K-pop に最近はまってる！」というように話したりしませんか。同じように本にも分野があります。基本的な本の分野（分類方法）について紹介します。

 ## 学びのとびら

本の分野については、様々な分類方法があります。

・「日本十進分類法」これは図書館で使用されている分類方法です。
　これについては、Step 6 で詳しく説明しています。

・書店などでは、次のような分類がされているところが多いようです。
　　文芸　　　：文学（小説）、エッセイ、詩歌・短歌・俳句、戯曲…など。
　　実用　　　：実用書は、生活に関わる、身近な目的に応える本です。
　　　　　　　　健康、料理、育児、趣味、スポーツ、美容…など。
　　ビジネス　：広く、経済や仕事（一般企業）に関する本です。
　　　　　　　　経営学、税務・会計、金融・財政、貿易…など。
　　　　　　　　自己啓発書もここに含まれます。
　　児童書・学参：絵本、童話、学習図鑑、学習参考書、カルタ…など。
　　専門書　　：人文科学、社会科学、理工科学、医学、芸術など、専門的な内容を持った本の総称です。大学の授業で使われる教科書にもこちらの分野の本があると思います。

他にも　コミック（漫画）や雑誌などもありますね。書店に行ったら分類を意識してお店のレイアウトを見てみましょう。

▶私が人生を知ったのは、人と接したからではなく、本と接したからである。
（アナトール・フランス）

ワーク2　ジャンルをキャラクター化しよう

本には様々なジャンルがあります。
各々のキャラクターをグループで想像し書いてみましょう。

■推理小説

見た目	趣味・趣向	その他
性格・クセ	家族・友人との関係	

■恋愛小説

見た目	趣味・趣向	その他
性格・クセ	家族・友人との関係	

■自己啓発書

見た目	趣味・趣向	その他
性格・クセ	家族・友人との関係	

▶書物というのはポケットに入れて持ち歩ける庭のようなものである。
（アラビアの古い格言）

Step 3　1冊の本から情報をつかむ

 ## Step 3 で学ぶこと

　Step 3 では1冊の本から、さまざまな情報を集める方法を学びます。本を選ぶためには、本の中身を読まずに本の内容をつかむ必要があります。読みたい本を探したり、調べもののために本を選んだりする際には、効率的に本の中身をつかむ必要があります。

 ## 学びのとびら

　本の情報にはいろいろ情報が載っています。
○表紙カバー
　表紙のタイトルから本のおおよその内容がわかりますが、表紙のイラストや写真も大切な情報です。新書のカバーはどれも同じものとなるように定型化されています。
○帯
　本の下側につける帯は、我が国の本に特徴的なものです。キャッチコピー、簡潔な紹介文、著名人の推薦文、価格など、さまざまな情報を記載しています。帯のキャッチコピーに魅かれて、その本を選ぶ場合もあります。
○目次
　小説や物語以外の本には、詳しい目次が付けられています。目次を見ると、本のおおよその内容をつかむことができますので、本を選ぶ際の羅針盤になります。
○奥付(おくづけ)
　題名、著者、発行所と発行人（出版社の代表取締役の名前を示すことが多い）、発行年（月日）、ISBN を記載します。印刷所や製本所を示す場合もあります。いわば本の名刺であり、履歴書といってもよいものです。本の大切な情報になります。総ページ数とあわせて、書誌（書誌情報）といいます。
○著者
　奥付や、表紙カバーの折り返しなどには著者の簡単な経歴を示しているものもあります。文庫では著者の顔写真を載せているものもあります。ただし、著者が顔写真を公開したくない場合は、写真を載せていません。

▶読書の時間を大切にしなさい。一冊の本との出会いがあなたの生き方を変えてくれることだってあります。（ジョセフ・マーフィー）

ワーク3　1冊の本から情報をつかもう

　図書館などで、表紙カバー、帯、目次、著者紹介のついている本を1冊選び、どのような内容が書かれているか、調べてみましょう。

　なお、図書館の本には帯をつけていない場合が多くみられます。その場合には、表紙の裏に貼りつけている図書館もあります。

①奥付の記載内容を確認します。書誌情報といいます。
- 書名
- 著者名
- 刊行した出版社
- 初版の発行年月日
- ISBN

②表紙カバーは、どういう装幀（デザイン）ですか。また、装幀した人が誰か、本から探し出しましょう。なお、出版社によっては、新潮社のように社内の装幀室がデザインしている場合もあります。
- 装幀者名（　　　　　　　　　　　　　　　）
- インターネットでどのような装幀者（デザイナー）なのか、調べてみましょう

③帯には、どういう内容が記載されていますか。

④目次を読み、どういう内容の本かをつかみ、簡潔に書きましょう。

⑤著者紹介を読み、書き写しましょう。

▶書物の新しいページを1ページ、1ページ読むごとに、私はより豊かに、より強く、より高くなっていく。（チェーホフ）

Ⅲ章　読書生活の創造

Step 4 本を選ぶ

Step 4 で学ぶこと

　Step 4 では、実際に本を選び、「読みたい本」のリストを作ります。
　Step 3 で学んだテクニックを実際に使って、本を選びましょう。実際に読んだ人の感想（レビュー）も参考になりますよ。

学びのとびら

・「読みたい本のリスト」を作ることはアンテナを立てることに似ています。
　自分自身の興味関心を把握しておくと、その情報が身近にふってきた時に逃さず、つかむことができます。

・「読みたい本のリスト」を見せることは、自己紹介をすることと似ています。
　その人がどんなことに興味や関心があるかわかるからです。人によっては、自分の本棚を他人に見せることにためらいを覚える人もいるかもしれません。それは、まるで自分の頭の中や心の中をのぞきこまれているような気分になるからかもしれませんね。

・「読みたい本のリスト」はタイムマシンに似ています。
　本棚にある本はあなたの歴史であり、「読みたい本リスト」はあなたの未来イメージということもできるからです。これから目の前にどんな未来が広がっていくのか、「読みたい本のリスト」を作りながら、想像を膨らませてみるのも面白そうですね。

▶自分の心のなかに失いたくない言葉の蓄え場所をつくりだすのが、読書です。
（長田弘）

ワーク4　読みたい本のリストを作ろう

（1）もし1万円の図書カードがあったら、現在あなたはどんな本を買いますか。

　ネット書店にアクセスし、1万円分架空の買い物を楽しんでください。

　★サインアウトした状態で買い物をすること。

　★決算ボタンは絶対に押さないこと。

（2）お互いの1万円分の本の買い物について、情報交換をしましょう。

	書名	著者名	出版者名	本の種類
1				文庫・新書・単行本
2				文庫・新書・単行本
3				文庫・新書・単行本
4				文庫・新書・単行本
5				文庫・新書・単行本
6				文庫・新書・単行本
7				文庫・新書・単行本
8				文庫・新書・単行本
9				文庫・新書・単行本
10				文庫・新書・単行本
11				文庫・新書・単行本
12				文庫・新書・単行本
13				文庫・新書・単行本
14				文庫・新書・単行本
15				文庫・新書・単行本

▶人の品性は、その読む書物によって判ずることができる。（スマイルズ）

活字メディアとインターネット

　私たちはテレビ、新聞、ラジオ、インターネット、本、雑誌など、様々なメディアに囲まれて生活していますが、インターネットはすぐに欲しい情報が入手できるため、身近で手頃なメディアとして私たちの生活に浸透しています。

　そのためか、活字メディアと接する機会が減少しています。あなたはどうでしょうか。中でも新聞は最も遠いメディアではないでしょうか。

　インターネットはその場限りのフローな情報、「現在」という目の前を流れてゆく情報です。一方、活字メディアは、編集という吟味を経て出される情報です。

　もちろん、どちらの情報も間違うことがあれば、偏っていることもあります。どちらが良くてどちらが悪いということではないのですが、目的に合わせて使い分ける必要があります。

複数のメディアとつきあう

　インターネットだけではなく、テレビや新聞など、複数のメディアから情報を入手なければ、得られる情報は偏ったものになってしまいます。

　複数のメディアから情報を入手し、比較し、自らの判断で適切な情報を見抜き、それを生活に活かせる人になることが大切です。

　インターネットの情報は原則として無料ですが、本当に欲しい情報を入手するためには、自ら体を動かして集めたり、あるいはお金を出して関連する本にあたってみたりすることが、どうしても必要なのです。

読書の意義とは

　本には楽しんで読みながら、深く学べる可能性があります。本を読まず、余暇をインターネットばかりに充てていることは、生徒・大学生のみならず社会人にとっても問題といえるでしょう。

　高校や大学は生涯にわたって学ぶための基盤をつくる場です。社会人になればスキル・アップのための実践的な研修はありますが、常識的なことは理解しているという前提で進められます。先輩や上司が全てを教えてくれるわけではありません。

　大学でも社会でも、基本的には自分の問題意識にそって自ら主体的に学ぶことが求められます。自ら学ぶことのできない人は、現代の世の中では使いものになりません。

　忙しい毎日にあっても、本と触れ合う時間をできるだけ作るように心がけたいものです。

（稲井達也）

IV章
読書生活をひろげる

　これまであまり手に取ることのなかった本はありませんか。新書もそのひとつではないでしょうか。そんな1冊の新書から見えてくる豊かな知の世界を経験し、読書生活を広げていきましょう。
　また、図書館は豊かで実り多い森のような場所です。そんな図書館という知の宝庫を探索します。図書館の本の森は、あなたを未知の世界に連れていってくれます。そして、「未知」は「既知」になるのです。

Step 5 新書にチャレンジする

 ## Step 5 で学ぶこと

　Step 5 では、新書を取り上げ、自分の興味や関心を広げたり、知識を深めたりするためのひとつの方法として、新書を活用して、新書についての理解を深めます。

 ## 学びのとびら

　新書とは、文庫よりも大きく、単行本よりも小さいサイズ（主に173mm ×105mm）で、ひとつのテーマについて詳しく説明したり論評したりした本のことをいいます。広辞苑（第7版、岩波書店刊）には、次のように説明されています。

> 出版形式の一つ。Ｂ6判よりもやや小型で入門の教養書やノンフィクションなどを納めた叢書。

　「叢書」とは、「一定の形式に従って継続して刊行される一連の書物。シリーズ」（広辞苑、第7版）をいいます。専門家が一つのテーマについて、一般読者にもわかりやすいように説明しています。新書は、以前は学術的な内容が多くを占めていましたが、現在では身近な生活に関係するテーマやエッセイ、写真主体のものやノンフィクションなども出されており、軽い読み物として雑誌化する傾向にあります。そのため版を重ねることなく、初版を売り切ると増刷せず、書棚から消えていくものも多く見られます。新書の役割もまた時代とともに変化しているのです。それでも、自分の興味や関心を広げたり、新たに知識を得たりなど、広い意味で教養を身につけるのには適しており、手軽に知識を得ることができる書物といえます。

　新書は、1938（昭13）年に、岩波書店がそれまで主流だった単行本よりも気軽に教養を深めることを目的に、「岩波新書」（赤版）を創刊したのが始まりです。1962（昭和37）年に創刊された中公新書、1964（昭和39）年に創刊された講談社現代新書とあわせて、三代新書といわれています。現在では多くの出版社から新書が刊行されており、出版不況の中にあっても活況を呈しています。かつて新書は大学生によく読まれていましたが、今では大学生は新書をほとんど読むことがなくなりました。主な読者層としては30代以降の会社員が想定されているようです。

ワーク5　新書をリサーチしよう

　図書館などで、読んでみたい新書を1冊選び、次の点について調べて、グループで共有しましょう。

①**奥付の記載内容を見て、書誌情報を確認しましょう。**
　・新書名（　　　　　　　　　）新書
　・書　名
　・著者名
　・初版の発行年月日
　・新書を刊行した出版社
　・ISBN

②**この新書を選んだ理由**

③**新書の表紙カバーには、どういう装幀（デザイン）の特徴がありますか。また、どういう印象を持ちましたか。**
　・装幀
　・装幀の印象

④**帯には、どういう内容が記載されていますか。図書館の本で帯が見当たらない場合には、「帯なし」と記載します。**

⑤**目次を読み、どういう内容の本かをつかみ、簡潔に書きましょう。**

⑥**著者紹介を読み、書き写しましょう。**

▶積極的な読書法とは、著者と会話しているような読み方のことです。
（コリン・ローズ）

Step 6 本の森に分け入る
図書館を使おう

 ## Step 6 で学ぶこと

　Step 6 では、図書館の図書の分類法について理解し、図書館を使うための基本的な知識を身に付けます。

 ## 学びのとびら

　小学校、中学校、高等学校に併設された学校図書館、自治体による公共図書館、大学や高等専門学校の附属図書館といった図書館の多くは「日本十進分類法」という分類法によって分類されています。

【日本十進分類法の10分類】

0類	総記	1類	哲学・宗教	2類	歴史・地理	3類	社会科学
4類	自然科学	5類	技術	6類	産業		
7類	芸術	8類	言語	9類	文学		

　特に、何かを調べる際には、「0類　総記」の本が活用できます。辞典、事典、年鑑などの「レファレンス・ブック」といわれる本のことです。

　インターネットは最新の情報を探し出すことができますが、ある事柄について詳しい内容を知りたいときには、本を活用することを勧めます。本は編集を経て作られているので、情報が吟味されています。

　多くの図書館では、コンピュータによる蔵書検索ができます。書架に配置（図書館の専門用語では「配架」といいます）された本の背表紙の下には、分類記号のついたシールが貼られており目印になっています。コンピュータのデータ・ベースを利用した場合、目当ての本が配架されている書架に直接向かうことが多いため、他の分類の書架の本を目にする機会はほとんどないかもしれません。しかし、様々な書架を見渡すことによって、多くの本に出会うことができます。教養や学術の現在、つまり知の現在がわかります。雑誌は専用の書架にあります。調べものの際にはカウンターで専門スタッフの司書（小・中学校・高校は司書教諭や学校司書）が相談にのってくれます。これは「レファレンス・サービス」といわれるものです。レポートや論文などを書く際には、積極的にこの「レファレンス・サービス」を活用したいものです。

▶読書の方法を知っている人はすべて、自分自身を拡大し、存在できる道を増やし、人生を有意義で、面白く、最大限に活かす力を持っている。
（オルダス・ハクスレ）

ワーク6　図書館ツアーをしよう

　図書館などで、書架を巡回し、日本十進分類法の10分類の中から、次の分類番号に属する本ついて、それぞれ読んでみたい本を1冊ずつ選び、書誌情報を調べましょう。なお、本の分類記号は背表紙に専用シールで貼ってあります。データ・ベースで蔵書を検索した際には、必ず本の分類記号を確認し、多くの蔵書がある書架から、目当ての本を見つけ出すようにしましょう。

●分類番号／2類　歴史・地理
・分類記号（　　　　　　　　　　　　　）
・書　　名（　　　　　　　　　　　　　　　　　　　　　　　　　　　　　　　　　　）
・著者名（　　　　　　　　　　　　　　　　　　　　　　　　　　　　　　　　　　）
・この本をひとことで説明すると……

●分類番号／3類　社会科学
・分類記号（　　　　　　　　　　　　　）
・書　　名（　　　　　　　　　　　　　　　　　　　　　　　　　　　　　　　　　　）
・著者名（　　　　　　　　　　　　　　　　　　　　　　　　　　　　　　　　　　）
・この本をひとことで説明すると……

●分類番号／4類　自然科学
・分類記号（　　　　　　　　　　　　　）
・書　　名（　　　　　　　　　　　　　　　　　　　　　　　　　　　　　　　　　　）
・著者名（　　　　　　　　　　　　　　　　　　　　　　　　　　　　　　　　　　）
・この本をひとことで説明すると……

●分類番号／6類　産業
・分類記号（　　　　　　　　　　　　　）
・書　　名（　　　　　　　　　　　　　　　　　　　　　　　　　　　　　　　　　　）
・著者名（　　　　　　　　　　　　　　　　　　　　　　　　　　　　　　　　　　）
・この本をひとことで説明すると……

●分類番号／7類　芸術
・分類記号（　　　　　　　　　　　　　）
・書　　名（　　　　　　　　　　　　　　　　　　　　　　　　　　　　　　　　　　）
・著者名（　　　　　　　　　　　　　　　　　　　　　　　　　　　　　　　　　　）
・この本をひとことで説明すると……

●分類番号／9類　文学
・分類記号（　　　　　　　　　　　　　）
・書　　名（　　　　　　　　　　　　　　　　　　　　　　　　　　　　　　　　　　）
・著者名（　　　　　　　　　　　　　　　　　　　　　　　　　　　　　　　　　　）
・この本をひとことで説明すると……

▶もしあなたが本当に読みたい本があるとしたら、それはまだ書かれていない。だからあなたが書くべきなのだ。（トニ・モリスン）

ポスト真実とメディア

　インターネットが普及したネット社会では、フェイク（偽）ニュースが横行しています。2017年4月14日と16日に相次いで発生した熊本地震では、ツイッターに動物園からライオンが逃げ出したという悪質な投稿がされ、地震後の混乱の中で信じ込んでしまった人が少なくなかったといわれています。その後、投稿者は逮捕されました。全く別の写真を転載したものでした。

　このように嘘と真実が混在する状況は、インターネットに限りません。SNSの急速な普及に伴い、ポスト真実（post-truth）の問題点が指摘されるようになっています。ポスト真実とは、客観的事実より、感情的な訴えかけの方が世論の形成に大きく影響する状況のことをいいます。

　政治も変質してきています。「ポスト真実」の「政治」とは、客観的事実よりも感情的な訴えかけの方が、世論形成に大きく影響する状況のことをいいます。その背景には、「反知性主義」があります。元々は、アメリカにおいて、エリートが権力や権威となって堕落することを戒めた言葉です。現在では、知的権威やエリート主義に対して懐疑的な立場をとる際の主義・思想として用いられています。

　ポスト真実の政治では、人々の感情の変化で、社会状況の潮目がすぐに変わってしまう点が指摘できます。フェイクニュースであっても、選挙の投票行動にたちどころに影響してしまうのです。

　ポスト真実の背景には、人々が冷静な判断を失い、感情に左右されてしまうという特徴が指摘できます。社会全体が、感情によって冷静な判断を失う、いわば「感情社会」の様相を呈しているともいえるでしょう。

　若い人たちの関心が高いダイエットは、多くの本が出ています。科学的ではない「○○ダイエット」と称した、いわゆる「とんでも本」といわれるようなものが多く見られます。飛びつきたい気持ちもわからないではありませんが、「ポスト真実」の時代では、テレビ、新聞、本、インターネットなど、どのようなメディアであっても、慎重に、そして批判的（クリティカル）に情報を見きわめる必要があります。

（稲井達也）

V章
本の魅力の伝え方を知る

　本の魅力を伝える方法の一つに書評があります。書評はその人にしか書けない、自分の読書経験を他者に伝える方法でもあるのです。そのためにはどのような工夫が必要でしょうか。書評は読書感想文とは異なります。批評的な視点が必要です。
　実際に書評集を読み、書評を分析し、書評とはどういうものかを学びながら、本の魅力の伝え方について考えます。

Step 7 書評を読む ①

 ## Step 7 で学ぶこと

　Step 7 では、いよいよ書評を読みます。
　『10代のうちに本当に読んでほしい「この一冊」』は、本好きの30人が10代の読者に向けて「親も学校の先生もほかの誰も薦めない本かもしれないけれど、これだけは絶対に若いうちに読んでおくべきだ」という一冊を紹介した書評です。
　どんな人がどんな本を、どんな書き方で紹介しているのか。選者（書評の本を選んだ人）によって全く違う、その違いを楽しんでください。

 ## 学びのとびら

・「書評」とは、本を人々に紹介するために、内容や、それについての感想・意見を書いたものです。

　新刊本を世の中に紹介するため、読者が書籍を選ぶ参考にするため、といった目的で書かれることが多いです。
　今回の書評集のように、複数の選者がひとつの目的―10代の読者に向けて―をもって書き、それを編んだ「書評集」もありますし、一人の選者（本を選ぶ人）・評者（書評を書く人）が様々な本について書評を書き、それを編んだ「書評集」もあります。
　また、雑誌や新聞に掲載される書評のコーナーもあります。ネット書店を見ると、一冊の本に対して評価の星マークの点数やレビューが掲載されています。このレビューも「書評」の一種といえるでしょう。

```
おすすめ度：★★★★☆　　25件のカスタマーレビュー
　　　　　　5つ星のうち4.1
```

　本を読むのが苦手な人や、どんな本を選んだらいいのかわからない人は、「書評」を頼りに本の森に出かけていくのもいいと思いますよ。

▶友を選ぶが如く、著者を選べ。（ロスコモン『訳詩論』）

ワーク7　書評を読む ❶

【本を読む前に】著者の名前に振り仮名を振り、仕事とのマッチングをしましょう。

著者		仕事
角田光代（　　　）	・	・社会学者、東京大学名誉教授
森　達也（　　　）	・	・小説家
金原瑞人（　　　）	・	・会社員→小説家
工藤直子（　　　）	・	・詩人、童話作家
野中　柊（　　　）	・	・作家、元外務省主任分析官
吉田篤弘（　　　）	・	・広島大学大学院教授
木田　元（　　　）	・	・社会学者、東京大学大学院教授
ホンマタカシ	・	・小説＆装丁
出久根達郎（　　　）	・	・宗教学者、文筆家
柳澤桂子（　　　）	・	・作家
山崎ナオコーラ（　　　）	・	・社会学者、京都大学教授など
長沼　毅（　　　）	・	・経済学者、京都女子大学客員教授
橘木俊詔（　　　）	・	・早稲田大学教授
中江有里（　　　）	・	・映画監督、作家
雨宮処凛（　　　）	・	・東京大学／国際基督教大学名誉教授
小池龍之介（　　　）	・	・サイエンスライター
岡ノ谷一夫（　　　）	・	・写真家
服部文祥（　　　）	・	・小説家
森　絵都（　　　）	・	・作家、古書店主
新井紀子（　　　）	・	・小説家
貴志祐介（　　　）	・	・哲学者
恩田　陸（　　　）	・	・漫画家、コラムニスト
村上陽一郎（　　　）	・	・僧侶
大澤真幸（　　　）	・	・女優、作家
石原千秋（　　　）	・	・国立情報学研究所教授
島田裕巳（　　　）	・	・東京大学教授
辛酸なめ子（　　　）	・	・法政大学教授、英米文学翻訳家
佐藤　優（　　　）	・	・登山家、作家
本田由紀（　　　）	・	・作家、活動家
上野千鶴子（　　　）	・	・小説家（児童文学）

▶書物のほんとうの喜びは、なんどもそれを読み返すことにある。
（D・H・ロレンス）

ワーク7　書評を読む ❷

（1）30編の書評の中から興味のある3編を読み、次のことを明らかにしましょう。

A 書評タイトル：＿＿＿＿＿＿＿＿＿＿　著　者：＿＿＿＿＿＿＿＿＿＿
　書評の対象本：＿＿＿＿＿＿＿＿＿＿　対象本の著者：＿＿＿＿＿＿＿＿＿＿

B 書評タイトル：＿＿＿＿＿＿＿＿＿＿　著　者：＿＿＿＿＿＿＿＿＿＿
　書評の対象本：＿＿＿＿＿＿＿＿＿＿　対象本の著者：＿＿＿＿＿＿＿＿＿＿

C 書評タイトル：＿＿＿＿＿＿＿＿＿＿　著　者：＿＿＿＿＿＿＿＿＿＿
　書評の対象本：＿＿＿＿＿＿＿＿＿＿　対象本の著者：＿＿＿＿＿＿＿＿＿＿

紹介されている本に最も興味を持てたのはどの書評ですか。☑をつけましょう。
　□A・□B・□C

理由：

（2）上述の本と理由をグループで共有しましょう。そのうえで、興味や関心を引く書評のポイントは何かグループで考えましょう。

ポイント：

▶読書、なかんずく小説を読む喜びは、もうひとつの人生を経験することができる、という点にある。（山本周五郎）

ワーク7　書評を読む ❸

(1) 30編の書評の中から興味のある3編を読み、次のことを明らかにしましょう。

A 書評タイトル：＿＿＿＿＿＿＿＿＿＿＿＿＿　　著　　者：＿＿＿＿＿＿＿＿＿＿＿＿＿
　書評の対象本：＿＿＿＿＿＿＿＿＿＿＿＿＿　対象本の著者：＿＿＿＿＿＿＿＿＿＿＿＿＿

B 書評タイトル：＿＿＿＿＿＿＿＿＿＿＿＿＿　　著　　者：＿＿＿＿＿＿＿＿＿＿＿＿＿
　書評の対象本：＿＿＿＿＿＿＿＿＿＿＿＿＿　対象本の著者：＿＿＿＿＿＿＿＿＿＿＿＿＿

C 書評タイトル：＿＿＿＿＿＿＿＿＿＿＿＿＿　　著　　者：＿＿＿＿＿＿＿＿＿＿＿＿＿
　書評の対象本：＿＿＿＿＿＿＿＿＿＿＿＿＿　対象本の著者：＿＿＿＿＿＿＿＿＿＿＿＿＿

紹介されている本に最も興味を持てたのはどの書評ですか。☑をつけましょう。
　□A・□B・□C

理由：

(2) 上述の本と理由をグループで共有しましょう。そのうえで、興味や関心を引く書評のポイントは何かグループで考えましょう。

ポイント：

▶できるだけたくさんの本を読み、美しいものに触れ、思いやりを持って人に接する。そういうことの積み重ねが、本当に人を美しくするんです。(斎藤茂太)

Step 8 書評を読む ②

Step 8 で学ぶこと

Step 8 では、引き続き書評を読みます。

作家の佐藤優は「本は『汚く』読むことが大切」と言って、読みながら線を引いたり、書き込んだりすることを奨めています。本からの学びを十分に活かし、知的生産力を高めていくためにも、本に線を引いたり、書き込みをしたり、読書ノートを作ったりしてみてはどうでしょうか。

学びのとびら

1．線を引く、付箋を貼る

書評を読む際も、重要だ・参考にしたいと感じた箇所、面白い・気になると感じた箇所などに線を引きながら読んでみましょう。重要だ・参考にしたいと感じた箇所は赤色の線、面白い・気になると感じた箇所は青色の線と色を変えてもいいでしょう。なお、線を引いた箇所はページの上部分に付箋を貼っておくと、後で分かりやすくなります。

2．書き込みをする

線を引いたら、感じたことや思いついたことを本の余白に書き込んでいきましょう。書き込む際は、長々と書き連ねず、キーワードや短い文で書くようにします。「？」や「！」など記号で示すのも効果的です。本に線を引いたり書き込んだりすることに抵抗がある人は、線を引く箇所に付箋を貼り、その付箋に書き込むようにすればいいでしょう。

3．読書ノートを作る

線を引いたり書き込みしたりしながら区切りのよいところまで読み進めたら、線を引いた箇所をノートなどに抜き書きし、簡単なコメントを付けてみましょう。コピーを取ってノートに貼り付けてもいいですね。コメントは、本に書き込んだこと、改めて考えたこと、抜き書きした内容に関連することなど自由ですが、ここは短くとも文章にしましょう。

▶読書は充実した人間を作り、書くことは正確な人間を作る。（ベーコン）

ワーク8　書評を読む ❶

『10代のうちに本当に読んでほしい「この一冊」』に収められている書評の内容には次のような要素が含まれています。

　①書評の対象本の内容に関すること
　②書評の対象本の著者に関すること
　③書評の著者の信条や考え
　④書評の著者の現在の生活
　⑤書評の著者の10代の頃のこと
　⑥書評の対象本以外の本に関すること
　⑦世相や社会に関すること
　⑧著者から10代の若者に伝えたいメッセージ
　⑨著者の仕事に関すること
　⑩その他

（1）30編の書評の中から未読の3編を読み、上記の要素の有無を調べましょう。

　要素がある場合には、数字の入った○の上に✓を付けてください。⑩「その他」にチェックをした場合は、具体的な内容も書いてください。

A．書評タイトル：＿＿＿＿＿＿＿＿＿＿　著者：＿＿＿＿＿＿＿＿＿＿
　書評の対象本：＿＿＿＿＿＿＿＿＿＿　対象本の著者：＿＿＿＿＿＿＿＿＿＿
　①　②　③　④　⑤　⑥　⑦　⑧　⑨
　⑩その他【　　　　　　　　　　　　　　　　　　　　　　　　】

B．書評タイトル：＿＿＿＿＿＿＿＿＿＿　著者：＿＿＿＿＿＿＿＿＿＿
　書評の対象本：＿＿＿＿＿＿＿＿＿＿　対象本の著者：＿＿＿＿＿＿＿＿＿＿
　①　②　③　④　⑤　⑥　⑦　⑧　⑨
　⑩その他【　　　　　　　　　　　　　　　　　　　　　　　　】

C．書評タイトル：＿＿＿＿＿＿＿＿＿＿　著者：＿＿＿＿＿＿＿＿＿＿
　書評の対象本：＿＿＿＿＿＿＿＿＿＿　対象本の著者：＿＿＿＿＿＿＿＿＿＿
　①　②　③　④　⑤　⑥　⑦　⑧　⑨
　⑩その他【　　　　　　　　　　　　　　　　　　　　　　　　】

▶書物そのものは、君に幸福をもたらすわけではない。ただ書物は、君が君自身の中へ帰るのを助けてくれる。（ヘッセ）

Ⅴ章　本の魅力の伝え方を知る

ワーク8　書評を読む ❷

（2）書評の著者からのメッセージが最も明確に伝わったのはどの本でしたか。チェックをして、その理由を考えてみましょう。　　　　　　　　　　　　　　　　□A・□B・□C

理由：

（3）上述の（2）をグループで共有し、読者にメッセージが伝わる書評のポイントは何かグループで考えましょう。

ポイント：

▶読書で生涯を過ごし、さまざまな本から知恵をくみとった人は、旅行案内書をいく冊も読んで、ある土地に精通した人のようなものである。
（ショウペンハウエル）

文章の印象を決めるもの

文章の内容と印象

　皆さんは、書評集『10代のうちに本当に読んでほしい「この1冊」』を読んでみて、どんな印象を抱いたでしょうか。10代の皆さんに関わりが深い内容が書かれていたり、筆者自身の体験や感想が書かれていたりして、文章の内容が身近に感じられたのではないかと思います。このように、読み手と関わりが深い内容、読み手の思考や感性に合った内容を盛り込んで文章を書くと、読み手の共感や納得が得られやすくなります。書評を書く際には多かれ少なかれ本の内容を紹介しなくてはなりませんが、読み手が興味を抱きそうな点に絞って、あらすじ紹介に終わらないようにするといいでしょう。また、どのような内容にすれば読み手が興味を抱くか考えて、書評の構成を決めるのも大切です。自分が読み手に伝えたいこと、読み手が興味を抱くこととのバランスを取って、書評を書くようにしましょう。

文章の形式と印象

　文章の印象を決めるものに、文章の形式もあります。例えば、山崎ナオコーラの書評は「皆さんは恋愛というものを、どう思っていますか。」から始まっていますが、「皆さんは」と始めて疑問形で問いかけられると、読み手は自然とその質問に答えようと考えます。そこに、読み手の多くに当てはまりそうな状況を推し量って、「いつか大恋愛するぞ、と意気込んでいる人もいるでしょう。」とか「もしかしたら、すでに彼女（彼氏）がいて、切なさを体験済みの人もいるかもしれません。」というように、「でしょう」や「かもしれない」という文末表現を使って畳みかけられると、つい「そうだな」と感じてしまいます。このように、問いかけや推量の文をうまく使うと、読み手をぐっと引き付けることができます。ただ、文章の内容が読み手に寄り添っていないと、こうした表現を使っても書き手の価値観の押しつけになってしまいますし、問いかけや推量の文を用いなくても読み手の納得・共感を得る書き方はいくらでもあります。書評を書く際には、どのような文体にするか、よく考えてから書くようにしましょう。

（松崎史周）

Step 9　本を紹介し合う

 ## Step 9 で学ぶこと

　Step 9 では、友達に自分のお気に入りの本を紹介、薦める活動をします。
　Step 4 で「読みたい本のリスト」を見ることで、その人自身が見えてくることを知りましたね。お気に入りの本を紹介することは、その人自身を強くアピールすることと言えるでしょう。本を通して、あなたを伝え、友達を知りましょう。

 ## 学びのとびら

・本を紹介する「帯」を作るのも面白い活動です。出版社はその本を手に取ってくれる人が増えるよう「帯」に工夫を凝らします。あなたのお気に入りの本にどんなキャッチコピーを付けますか。本の中から、短い文を抜き出すことも効果的です。

> 「急に授業の代行をお願いされた！」「テスト前、時間数を調整したい！」
> 「明日の授業準備が間に合わない！」「最近、授業がマンネリ気味…」
> そんな時は、**ラクイチ！**
> ★どのプランも1時間完結！
> ★準備が不要！
> ★教師も生徒も楽しめる！
> 日本アクティブ・ラーニング学会 Active Learning Award 金賞受賞（非ICT部門）
> すべてのワークシートがサイトからダウンロードできる！コピーしやすい製本！発想を広げるカード付！
> Ｇ学事出版

・「ビブリオバトル」（書評合戦）は、立命館大学教授の谷口忠大（たにぐち・ただひろ）氏によって考案されたブックトークの方法です。ルールはシンプルで、お気に入りの本を一人5分間紹介し、その後2～3分質疑応答をします。そして、聴衆が最も読みたくなった本を「チャンプ本」とします。

　「ビブリオバトル」は、「人を通して本を知る」活動のように見えますが、実は「本を通して人を知る」ことが、その本質です。「人を通して本を知る」ことと「本を通して人を知る」ことはどこが同じで、どこが違うのか、ぜひ仲間と話してみてください。

▶読書というものは、その時に応じて読み方に深浅がある。自分のその時に置かれた環境で、読み方が深くなったり、浅くなったりする。（三浦綾子）

ワーク9　本を紹介し合う

ビブリオバトル準備用メモを作り、グループで共有しましょう。

（1）書誌情報

書名（　　　　　　　　　　　　　　　　　　　）

著者（　　　　　　　　　　　　）

本の種類　（　単行本　　文庫　　新書　）

奥付を見て下記の項目を書きます。

初版発行年＿＿＿＿＿＿年　　発刊した出版社の名称＿＿＿＿＿＿＿＿＿＿＿＿＿＿＿

●文庫の場合は、単行本が出された年を記載します。

・単行本で（　　　　年）に出版社（　　　　　　　　　　）から刊行された本を文庫化した。

（2）本の概要　どういう本か

（3）印象に残った場面や表現を書きましょう

1.

2.

3.

（4）面白かったところ

（5）勧める理由

▶読書は充実した人間をつくり、会話は機転の利く人間をつくり、執筆は緻密な人間をつくる。（ベーコン）

Ⅴ章　本の魅力の伝え方を知る

クリティカル・リーディング

　この本を通して「書評集」を初めて読んでみたという人も多いのではないでしょうか。

　今回「書評」を読む際に、2種類の「読み」がなされていることに気づきましたか。具体的に言えば、「内容を読む」ことと「文章の書き方を読む」こと、その2種類の「読み」をしているはずです。

内容を読む

　書評を読んでみて、ふだん本を読むときとは少し違った感じがあったかもしれません。それは、対象となっている本の内容（引用部分）と著者の意見という異なった内容が混在しているからだと思います。どの書評でもいいので、引用部分にマーカーを引きながら読んでみてください。それを行うことで、引用部分だけでなく、著者の意見もより明確になり、内容に関する理解も深まってくるはずです。

文章の書き方を読む

　『10代のうちに本当に読んでほしい「この一冊」』の30人の著者は個性が強く、書き方が全く異なっています。

　たとえば、「みじかく・ぴかっ」の工藤直子氏は感性的な短文を使って、『博物誌』のこれまた短い文を引用しながら、リズミカルに書評を書きあげています。「これさえあれば、生きていける」の新井紀子氏は料理本（！）を対象に、引用を全くしないという方法で書評を書きました。

　クリティカル・リーディングは「批判的な読み」と直訳されますが、非難したり、ケチをつけたりするわけではありません。「吟味して読む」ということです。上述した「内容を読む」「文章の書き方を読む」方法は、まさに「吟味して読む」ことであり、クリティカル・リーディングと言えます。クリティカル・リーディングができるようになると、文章の理解度も上がりますし、自分が書く立場になった時にもどうやって書いたらいいのかがわかるようになっていきます。

（影山陽子）

VI章
本の魅力を伝え合う・伝える

　あなた自身が読んだ1冊の本を使って、書評を書くことにチャレンジしましょう。

　書評の構成を考え、付箋メモを作って、自分の考えを「見える化」しながら、書評の材料を集め、構成を考えます。

　一つの文章にまとめることで、また新たな本の姿が見えてくることでしょう。

　また、書評サイトを知ることにより、本に出会うきっかけをさらに増やしていきます。

Step 10 読書の足跡を残す

 ## Step10で学ぶこと

Step10では、書評を書く準備を行います。

これまで読んできた書評を参考にしながら、自分はどのような書評を書くのか考えていきましょう。

 ## 学びのとびら

1．書評の構成を考える

自分の書評に盛り込みたい要素を次のA～Gから選び、どのような内容にするのか考えて、付箋紙に書き出してみましょう。付箋メモができたら、それらを並べながら書評の構成を決めます。

- A　対象本の作者の紹介
- B　対象本の概要の紹介
- C　印象に残った部分の紹介
- D　対象本に対する自分の捉え方や考え
- E　自分の体験やその感想・考え
- F　読み手へのメッセージ
- G　その他

【付箋紙への記入例】

対象本の作者の紹介
作者・植木理恵
　心理学者・臨床心理士・心理評論家
　人前に立つと緊張から腹痛・震え・汗が出る
　解消法を見出すため心理学を研究

- 付箋の一番上に「要素」を書いておくこと
- キーワードか1文程度の短い文で書くこと
- 箇条書きで必要なものはすべて書き出すこと

2．書評の内容と文体を考える

書評の構成が決まったら、どのように書評を書くのか、書評の内容と文体を考えましょう。例えば、次の①～④はどのようにしますか。

①文末は丁寧体（「です・ます」調）にしますか、普通体にしますか？
②読み手に語りかけるような表現は使いますか、使いませんか？
③対象本の内容はどれくらい、どこまで紹介しますか？
④書評をとおして読み手にどのようなことを伝えたいですか？

▶書物は我々のうちなる凍った海のための斧なのだ。（カフカ）

ワーク10　書評の構成を考えよう

　付箋メモを並べて書評の構成を決めていきます。文章の流れに沿って付箋メモを並べ、足りない要素、不要な要素がないか考えましょう。不要な要素があったら付箋紙を外し、足りない要素があったら新しく付箋紙メモを付け加えて、自分が書く書評の見取り図を完成させます。

▶真に素晴らしい本は内容以上のことを教えてくれる。その本を置き、仕入れた知恵を試したくなる。読むことで、行動せずにいられなくなるのだ。（ソロー）

Step11 書評サイトに出会う

Step11で学ぶこと

　Step11では、書評サイトについて学びます。
　インターネット上には数多くの書評サイトがあり、その多くは無料で楽しむことができます。本を知るために使うのもよし、書評の書き方を学ぶために使うのもよし。そして、最も有効な活用方法はただただ楽しむこと！　ぜひチェックしてみてください。

学びのとびら

・「Book Bang」という書評サイトは新聞社・出版社・出版取次・書店などの各社が提供している書評を掲載しています。毎日更新されているので、毎日見ることを習慣にしてもいいですね。

・「HONZ」は書評家を中心としたプロのレビュアーによる書評を掲載している書評サイトです。出版後3か月以内の新刊を対象にしているため、情報の鮮度は抜群です。

・「読書メーター」は自分の読書の記録をグラフで管理できるサービスです。読後の感想を投稿し、他のユーザーによる感想も閲覧できる「共読機能」もあり、楽しめます。

・「本が好き！」もユーザーが投稿できる書評サイトです。掲示板機能もあるため、ユーザー同士交流をすることができます。

　インターネットに投稿する際には、不特定多数の誰かが見ることを常に心に留めて書き込みをしましょう。一度書き込んだものは、コピーされ、保存され、永久に残るかもしれません。また、「自由に書くこと」＝「何を書いてもいい」わけではありません。

▶宝島の海賊たちが盗んだ財宝よりも、本には多くの宝が眠っている。そして何よりも、宝を毎日味わうことができる。（ウォルト・ディズニー）

ワーク11　書評サイトにアクセスしよう

『10代のうちに本当に読んでほしい「この一冊」』から1冊本を選び、ネットの書評サイトでどのように論じられているか調べましょう。見当たらない場合は「なし」と記入してください。

選んだ本＿＿＿＿＿＿＿＿＿＿＿＿＿＿＿＿＿＿＿＿　著者＿＿＿＿＿＿＿＿＿＿＿＿＿＿＿
書評を書いている人（紹介者）＿＿＿＿＿＿＿＿＿＿＿＿＿＿＿＿＿＿＿＿＿＿＿＿

（1）ブクログ

（2）本が好き！

（3）ブック・アサヒ・コム（朝日新聞）

（4）Amazon

　他にも、「書評空間（紀伊国屋書店）」「ブクペ」「Hon-Café」「読書メーター」「honto」「HONZ」「新刊JP」「bookvineger」等ユニークな書評サイトがあります。のぞいてみよう！　本好きの友達に話しかけられているような気分になれます。

▶私は、時間がなくて本も読めません、という弁解を、絶対に信じない。
（塩野七生）

Ⅵ章　本の魅力を伝え合う・伝える

話し言葉と書き言葉

　日本語では話し言葉と書き言葉で語句を使い分けることがあります。文章を書く際に、話し言葉と書き言葉をどのように使い分けていけばいいのか見ていきましょう。

話し言葉・書き言葉がもたらす印象
　次の2つの文は、意味内容はほぼ同じですが、使われている語句に違いがあります。読んだ印象はどのように違うでしょう。
　A．政府はさまざまな政策を挙げているが、いずれも国民への負担が増すのではないだろうか。
　B．政府はいろんな政策を挙げているけど、どれも国民への負担が増すんじゃないかな。
　2つの文を比較すると、Aには堅く・改まった印象を抱き、Bにはくだけた・ぞんざいな印象を抱くのではないでしょうか。Aには「さまざまな」「～が」「いずれも」「～のではないだろうか」といった書き言葉が使われ、Bには「いろんな」「～けど」「どれも」「～んじゃないかな」といった話し言葉が使われています。

文章の種類・内容に応じた語句の選択
　レポートや論文など客観的・学術的な内容の文章を書く際には書き言葉を用います。書き言葉を基調としたレポートや論文に話し言葉が混入すると、読み手は読んでいて違和感を抱いてしまいます。
　文章を書く際に話し言葉と書き言葉のどちらを選択するかは文章の種類や内容によります。日記やブログなど気取らず自分の好みや感覚のままに書いた文章は、話し言葉で書かれます。一方、レポートや論文など学術的で客観性を重んじた文章は、書き言葉で書かれます。文章を書く際にはその種類に応じた語句の選択を心掛けるようにしましょう。

（松崎史周）

日本語の練習帳

　語彙力は読むことや書くことをとおして養われますが、的確な読み・書きを支える言葉の知識や読むことだけでは身に付けにくい語句については、ある程度まとめて勉強することも必要です。1回5〜10分でできる簡単なドリルですが、自分の理解度をチェックしながら言葉の知識を広げていきましょう。

日本語ドリル 1　語句とその意味 ①

〔問題1〕次の1～5の（　）に入る動詞をア～コから選び、慣用句を完成させましょう。
1．困難の中に血路を（　　　　）。
2．交渉が有利になるように一計を（　　　　）。
3．会社の再建をかけて背水の陣を（　　　　）。
4．党首の座を巡って両候補がしのぎを（　　　　）。
5．防衛問題から経済問題へと議論の矛先を（　　　　）。

| ア．崩す　イ．削る　ウ．敷く　エ．突く　オ．引く |
| カ．開く　キ．預ける　ク．案じる　ケ．転じる　コ．投じる |

| 1 | | 2 | | 3 | | 4 | | 5 | |

〔問題2〕次の1～6の（　）に入る漢字を選び、完成した四字熟語の読みを書きましょう。
1．夏（　）冬扇　　　2．泰然自（　）
3．衆人（　）視　　　4．曲学阿（　）
5．有（　）転変　　　6．風光明（　）

| ア．監　イ．媚　ウ．倒　エ．世　オ．為　カ．汗 |
| キ．炉　ク．美　ケ．曲　コ．環　サ．求　シ．若 |

1		2	
3		4	
5		6	

日本語ドリル 2　語句とその意味 ②

〔問題1〕次の1～5の（　）に入る動詞をア～コから選び、慣用句を完成させましょう。
1．敵の豪腕投手に一矢を（　　　）ため代打を送った。
2．あらぬ誤解を解くために弁明に（　　　）。
3．実験的な作品だけに何かと物議を（　　　）。
4．交渉の中でしっかりとした言質を（　　　）。
5．問題解決のためにも過去を不問に（　　　）。

ア．囲む	イ．醸す	ウ．取る	エ．付す	オ．預ける
カ．交わす	キ．努める	ク．伸ばす	ケ．振るう	コ．報いる

1		2		3		4		5	

〔問題2〕次の1～6の（　）に入る漢字を選び、完成した四字熟語の読みを書きましょう。
1．順風満（　）　　　2．孤立無（　）
3．用意周（　）　　　4．本末転（　）
5．直情径（　）　　　6．不倶戴（　）

ア．旦	イ．辺	ウ．倒	エ．縁	オ．向	カ．行
キ．光	ク．到	ケ．天	コ．援	サ．帆	シ．囲

1		2	
3		4	
5		6	

日本語ドリル 3　語句とその意味 ③

〔問題1〕次の1～5の（　）に入る動詞をア～コから選び、慣用句を完成させましょう。

1．ちょっとしたことにも因縁を（　　　）ような人だ。
2．討論番組での先生の主張は時宜を（　　　）発言であった。
3．この作品は日本文学の中でも人口に（　　　）ものである。
4．こちらの発言に対して意に（　　　）態度を取っている。
5．成功の陰に人一倍の努力があったことは言を（　　　）。

　ア．得た　イ．かなった　ウ．従う　エ．俟たない　オ．取る
　カ．膾炙した　キ．放つ　ク．介さない　ケ．掛ける　コ．付ける

1	2	3	4	5

〔問題2〕次の1～6の（　）に入る漢字を選び、完成した四字熟語の読みを書きましょう。

1．（　）言飛語　　　2．（　）学非才
3．（　）色蒼然　　　4．一気呵（　）
5．気（　）壮大　　　6．隠（　）自重

　ア．忍　イ．宇　ウ．古　エ．才　オ．丈　カ．勢
　キ．成　ク．浅　ケ．博　コ．蔽　サ．放　シ．流

1		2	
3		4	
5		6	

日本語ドリル 4　語句とその関係 ①

〔問題１〕次の【　】の中の言葉に対して、意味の最も類似した語を選びましょう。

1. 【寄与】
   ア．寄付　　　イ．関与　　　ウ．貢献　　　エ．奉納
2. 【穏健】
   ア．温和　　　イ．健全　　　ウ．妥当　　　エ．誠実
3. 【来歴】
   ア．過去　　　イ．故事　　　ウ．由来　　　エ．巡歴
4. 【割愛】
   ア．簡略　　　イ．略儀　　　ウ．略式　　　エ．省略

| 1 | | 2 | | 3 | | 4 | |

〔問題２〕次の例のように和語を漢語に換えて、レポートにふさわしい表現にしましょう。

> 例）携帯電話を使うことが禁止されている。➡ 携帯電話の使用が禁止されている。
> 　　　　　　使うこと〔和語〕　　　　　　　　　　　　　　使用〔漢語〕
> 　＊和語を漢語に換えるのに伴って、助詞なども必要があれば換えること

1. インターネットを用いた情報集めにあたっては、正しい情報を選ぶことが必要である。

> インターネットを用いた情報＿＿＿＿＿にあたっては、＿＿＿＿＿＿情報の
> ＿＿＿＿＿＿が必要である。

2. 上記の方法で分けたデータから当てはまる箇所を取り出す作業を行った。

> 上記の方法で＿＿＿＿＿データから＿＿＿＿＿箇所を＿＿＿＿＿作業を行った。

日本語ドリル 5　語句とその関係 ②

〔問題１〕次の【　】の中の言葉に対して、対照的な意味を表す語を選びましょう。

1．【無礼】
　ア．高尚　　　イ．慇懃　　　ウ．礼儀　　　エ．崇高

2．【特有】
　ア．通有　　　イ．含有　　　ウ．具有　　　エ．保有

3．【創造】
　ア．模擬　　　イ．贋作　　　ウ．類似　　　エ．模倣

4．【粗雑】
　ア．精密　　　イ．厳密　　　ウ．緊密　　　エ．濃密

| 1 | | 2 | | 3 | | 4 | |

〔問題２〕次の例のように和語を漢語に換えて、レポートにふさわしい表現にしましょう。

> 例）携帯電話を使うことが禁止されている。➡ 携帯電話の使用が禁止されている。
> 　　　　　使うこと〔和語〕　　　　　　　　　　　　使用〔漢語〕
> 　　＊和語を漢語に換えるのに伴って、助詞なども必要があれば換えること

1．電気自動車が広く使われるように事業をおし進めていく。

> 電気自動車が＿＿＿＿＿＿＿＿ように事業を＿＿＿＿＿＿＿＿いく。

2．図２はインターネットで商品を買ったことのある人の割合の移り変わりを示したものである。

> インターネットで商品を＿＿＿＿＿＿＿ことのある人の割合の＿＿＿＿＿＿＿を示したものである。

日本語ドリル 6 敬語と手紙の語句 ①

〔問題1〕次の1～3の【 】のような場合、（ ）に入る言葉として適切なものをそれぞれ選びましょう。

1．【就職希望先に提出書類を送る際の封筒の宛名に】
　　○○住販人事部（　　　）
　　　　［ア．宛　イ．気付　ウ．御中　エ．各位］

2．【お世話になった恩師への近況報告の最後に】
　　今後ともご指導ご（　　　）を賜りますよう、お願い申し上げます。
　　　　［ア．加護　イ．愛顧　ウ．支援　エ．鞭撻］

3．【顧客への案内状の最後に】
　　まずは、（　　　）ながら書中にてご案内申し上げます。
　　　　［ア．略筆　イ．略体　ウ．略儀　エ．簡略］

1		2		3	

〔問題2〕次の＿＿＿線部の語を正しく敬語に直しましょう。

1．先生は昨日の報道番組は見ましたか。

2．当選された方には、商品券をあげます。

3．紅茶とコーヒー、どちらにしますか。

4．佐藤課長のことでしたら、よく知っています。

5．先生、お茶をもう一杯飲みますか。

6．先生のお話、ありがたく聞きました。

1		2	
3		4	
5		6	

日本語ドリル 7　敬語と手紙の語句 ②

〔問題1〕次の1〜3の【　】のような場合、（　）に入る言葉として適切なものをそれぞれ選びましょう。

1．【高校の先輩に送る手紙の最後に】

　　ご検討よろしくお願いいたします。　山本一郎（　　　）

　　　［ア．拝　イ．敬　ウ．述　エ．記］

2．【保護者への案内文冒頭の挨拶として】

　　保護者の皆様におかれましては、ますますご（　　　）のこととお慶び申し上げます。

　　　［ア．健勝　イ．隆盛　ウ．活躍　エ．多用］

3．【取引先への展示会の案内状で】

　　（　　　）格別のご高配を賜り、厚く御礼申し上げます。

　　　［ア．平時は　イ．平叙は　ウ．平賀は　エ．平素は］

1		2		3	

〔問題2〕次の①〜⑨の＿＿部分を敬語に直し、電子メールの文面を完成させましょう。
（問題の都合から改行せずに一続きで示している）

　　突然メールを①あげまして申し訳ありません。「日本語学概論」を受講しているスポーツ健康学科2年の山田花子と②言います。先週の授業で先生がレポート課題を③出したと聞きました。当日私は欠席しており、課題を④もらうことができませんでした。もしできましたら、課題を⑤もらえますでしょうか。先生の⑥都合のよい時間に研究室に⑦行きます。⑧返事を⑨待ってます。よろしくお願いします。

①		②		③	
④		⑤		⑥	
⑦		⑧		⑨	

日本語ドリル 8 敬語と手紙の語句 ③

〔問題1〕次の1・2の【　】のような場合、（　）に入る言葉として適切なものをそれぞれ選びましょう。

1．【高校時代の恩師への手紙の最後に】
　時節柄どうぞご（　　　）ください。
　　　［ア．査収　イ．容赦　ウ．留意　エ．自愛］

2．【高校時代の恩師に卒業論文を送る際の添え状に】
　拙いものですが、ご（　　　）いただければ幸いです。
　　　［ア．笑覧　イ．閲覧　ウ．拝覧　エ．観覧］

〔問題2〕次の空所を埋めて、敬語（尊敬語・謙譲語）の表を完成させましょう。

	尊敬語	謙譲語		尊敬語	謙譲語
言う		申す・申し上げる	行く		
聞く	お聞きになる		来る		参る
見る			会う	お会いになる	
する			与える		くださる
いる		おる	もらう	お受け取りになる	
知る	ご存じ（です）		食べる		いただく

〔問題3〕次の1〜3の＿＿＿部分を敬語で言うとき、どのような言い方が適切か。それぞれ選びましょう。

1．○○先生はご用事とのことで、本日は帰りました。
　　　［ア．ご帰宅し　イ．帰宅いたし　ウ．お帰りになり　エ．帰ってまいり］
2．部活動でお世話になっております石山と申しますが、先生はいますか。
　　　［ア．おります　イ．おられます　ウ．参られます　エ．いらっしゃいます］
3．所長、川中製作所の白井様が来ました。
　　　［ア．来られ　イ．お伺いし　ウ．お見えになり　エ．お越しになられ］

1		2		3	

日本語ドリル ❾ 送り仮名と文章の校正 ①

〔問題1〕次の1～4の漢字の送り仮名として、正しいものを選びましょう。
1．力を蓄（　　　　）、次の大会に臨もう。
　　［ア．えて　　イ．わえて　　ウ．くわえて］
2．長い歴史に培（　　　　）巧みな技に感動した。
　　［ア．れた　　イ．われた　　ウ．かわれた］
3．選挙で負けたら潔（　　　　）退陣すべきだ。
　　［ア．く　　イ．よく　　ウ．ぎよく］
4．試験問題はそれほど難（　　　　）なかった。
　　［ア．く　　イ．しく　　ウ．かしく］

1		2		3		4	

〔問題2〕次の文章は文章を書く際の注意点を説明したものですが、漢字・送り仮名・仮名遣いなどにいくつかの誤りがあります。不適切な箇所を抜き出し、正しく直しましょう。

【文章を書く際の注意点】

　文章を書く際には国語辞典を手元に準備しましょう。漢字の書き誤りや言葉の使い方の誤りが多い文章は読み手の印象を悪くします。また、パソコンのワープロソフトを使う場合は、同音で意味の異なる語や同君で漢字の異なる語に気をつけましょう。この他に、次のことに気をつけて書くようにします。
1．段落の頭は1字下げて書きます。こうすることで、段落の始まりが分かりやすくなります。段落ごとに1字下げを行って、読みやすい文章にしましょう。
2．TwitterやLINEの影響からか、1文ごとに改行し、段落替えをした文章が良く見られるようになりました。一般的な文章は内容のまとまりに従って段落を分けます。SNSの文章と一般の文章を区別して書くようにしましょう。
3．複数の図や表を用いる場合には、番号だけでなく、内容を適格に表す表題を付けます。図や表を入れる位置にも気をつけ、本文と対応させましょう。
4．自分の主張を裏ずけるために文献を参照した場合は、それを引用します。その際、引用した文章の著者・書名（論文名）・発表年・出版社（掲載紙）・ページといった情報を銘記します。これは、引用文末に（　）で示すか、1）、2）というように番号を付して、章段や文章の末備にまとめて掲げます。読み手が元の文献を参照できるようにすることが引用のポイントです。

	→			→	
	→			→	
	→			→	

日本語ドリル 10 　送り仮名と文章の校正 ②

〔問題１〕次の１～４の漢字の送り仮名として、正しいものを選びましょう。

1．地域の一員としての自覚とボランティア精神を育（　　　　）。
　　　　［ア．む　　イ．くむ　　ウ．ぐくむ］
2．恥（　　　　）ながら、高校時代はバンド活動をしていた。
　　　　［ア．し　　イ．かし　　ウ．ずかし］
3．ほの暗い堂内に入ると、厳（　　　　）雰囲気に包まれた。
　　　　［ア．な　　イ．かな　　ウ．そかな］
4．終わったら速（　　　　）に退出してください。
　　　　［ア．か　　イ．やか　　ウ．みやか］

1		2		3		4	

〔問題２〕次の文章には、語句の誤り、話し言葉や文のねじれがいくつか見られます。それらを修正して、全文書き直しましょう。

> 　高校時代の一番の思い出は修学旅行が一番思い出に残っている。この旅行で初めて沖縄に行ったんで、見る物すべてが新鮮に映った。特に印象に残ってることは首里城が美しかった。朱塗りがすごく鮮やかで、その光景は今でも目に焼き付いてる。また、夜、友人と遅くまでしゃべったり菓子を食べていつまでも寝ることなく、朝起きれなくて先生に叱られてしまったことも、今となってはいい思い出である。

　高校時代の一番の思い出は

日本語ドリル 解答

1 語句とその意味①
問題1　1．カ　2．ク　3．ウ　4．イ　5．ケ
問題2　1．キ・かろとうせん　2．シ・たいぜんじじゃく　3．コ・しゅうじんかんし
　　　4．エ・きょくがくあせい　5．オ・ういてんぺん　6．イ・ふうこうめいび

2 語句とその意味②
問題1　1．コ　2．キ　3．イ　4．ウ　5．エ
問題2　1．サ・じゅんぷうまんぱん　2．コ・こりつむえん　3．ク・よういしゅうとう
　　　4．ウ・ほんまつてんとう　5．カ・ちょくじょうけいこう　6．ケ・ふぐたいてん

3 語句とその意味③
問題1　1．コ　2．ア　3．カ　4．ク　5．エ
問題2　1．シ・りゅうげんひご　2．ク・せんがくひさい　3．ウ・こしょくそうぜん
　　　4．キ・いっきかせい　5．イ・きうそうだい　6．ア・いんにんじちょう

4 語句とその関係①
問題1　1．ウ　2．ア　3．ウ　4．エ
問題2　1．収集　正確な　選択　2．分類した　該当（する）　抽出する

5 語句とその関係②
問題1　1．イ　2．ア　3．エ　4．ア
問題2　1．普及する　推進して　2．購入した　推移

6 敬語と手紙の語句①
問題1　1．ウ　2．エ　3．ウ
問題2　1．ご覧になり　2．差し上げ　3．なさい　4．存じ上げて（存じて）
　　　5．召し上がり（お召し上がり、お飲みになり）　6．拝聴し（お聞きし）

7 敬語と手紙の語句②
問題1　1．ア　2．ア　3．エ
問題2　①差し上げ　②申し　③お出しになった　④いただく　⑤いただけ
　　　⑥ご都合　⑦お伺いし／伺い　⑧お返事　⑨お待ちしており

8 敬語と手紙の語句③
問題1　1．エ　2．ア　　問題2　以下を参照

	尊敬語	謙譲語		尊敬語	謙譲語
言う	おっしゃる	申す・申し上げる	行く	いらっしゃる（おいでになる）	伺う（参る）
聞く	お聞きになる	伺う（お聞きする・拝聴する）	来る		参る
見る	ご覧になる	拝見する	会う	お会いになる	お目にかかる
する	なさる	いたす	与える	くださる	差し上げる
いる	いらっしゃる	おる	もらう	お受け取りになる	いただく
知る	ご存じ（です）	存じ上げる	食べる	召し上がる	いただく

問題3　1．ウ　2．エ　3．ウ

9 送り仮名と文章の校正①
問題1　1．ア　2．イ　3．ア　4．イ
問題2　同君 ➡ 同訓　良く ➡ よく　適格 ➡ 的確　裏ずける ➡ 裏づける　銘記 ➡ 明記　末備 ➡ 末尾

10 送り仮名と文章の校正②
問題1　1．ア　2．ウ　3．イ　4．イ
問題2　以下を参照
　高校時代の一番の思い出は修学旅行である。この旅行で初めて沖縄に行ったので、見る物すべてが新鮮に映った。特に印象に残っていることは首里城が美しかったことである。朱塗りがとても（たいへん／非常に）鮮やかで、その光景は今も目に焼き付いている。また、夜、友人と遅くまで話（を）したり菓子を食べたりしていつまでも寝ることなく、朝起きられなくて先生に叱られてしまったことも、今となってはいい思い出である。

おわりに
人生の旅に、本という友人を

　この本では、学習を支える教材として、教科書ではなく一般書である『10代のうちに本当に読んでほしい「この一冊」』という書評集を用いました。これは今までになかった新しい方法だと思います。メイン教材に文庫判の書評集を選んだのには次の理由がありました。

> ① 1冊の書評集を読むだけで、多数（今回の場合30冊以上）の本に触れることができる。
> ②書評集には「本は面白い」というメッセージが詰まっている。
> ③文庫判なので、持ち運びがしやすく安価である。
> ④書評を読んだり書いたりすることで「メタ認知」の力がつく。

　4番目の「メタ認知」について、少し解説をします。メタというのは「一段上」という意味で、「メタ認知」は言い換えれば「認知についての認知」ということになります。書評とは、文章（作品）について文章（作品）を書くわけですから、メタ的な作業といえるでしょう。今回あなたは、様々な本の中から一冊を選び、その本の面白さについて分析、認識し、それを文章として表現しました。つまり「メタ認知」の力を伸ばす作業をしたわけです。

　「メタ認知」の力があると、自分自身のことを客観的にみられるようになります。イメージとしては、自分自身をもうひとりの自分が空の上からみているような感覚でしょうか。そういった「メタ認知」の力が身につくと、自分で自分自身のことをうまくコントロールできるようになります。

　序章の「本を読める人になる」でも解説したように、これからの社会は、従来の常識が通用しない社会となるでしょう。もちろん、ビックデータやAIの活用によって社会問題の解決が期待される部分もありますが、読解力をもたないAIの力に頼りきることはできません。私たちが幸福に生きるためには、人間の知恵による社会問題への取り組みが不可欠です。単に問題の解決を目指すだけではなく、社会問題と共存しながら持続可能な社会を生きるという柔軟性こそが必要となってくるからです。適度な柔軟性はコンピュータが最も苦手とする部分です。人間だけが、環境や仲間に配慮しつつ、ひらめきや感性も使って「いいかげん（程よい加減）」に自分自身をコントロールできるのだと思います。

また、「人生100年時代」において、みなさんは、祖父母や両親をお手本として人生設計をすることはできなくなるでしょう。大学卒業時に選んだ仕事だけで職業人生を全うするといった生き方は、すでに過去の遺物となりつつあります。これからは、異なるステージで異なる種類の仕事（従来なかった全く新しい仕事も含む）に携わり、時には複数の仕事を並行して生きていくことになるため、その都度、新分野について学習する必要性が出てきます。そのような時に、あなたを支援してくれるのが本です。学校に通うよりも安価で、あなたの都合に合わせて、様々なことを教えてくれるからです。
　さらに、本はあなたが苦境に陥っている時にも適切なアドバイスをそっとしてくれます。あなたを批判することもあなたの秘密を他人に話すこともありません。本という存在は、あなたにとって頼りになる口の堅い友人なのです。
　最後に「人生100年時代を生きる」みなさんにアフリカの諺を紹介したいと思います。

　　早く行きたいのなら、一人で行きなさい。
　　遠くまで行きたいのなら、誰かと行きなさい。

　本書では、仲間と考えを共有し、議論し、気づきを確認する協働ワークを多く取り入れました。本当の話ができる友人と出逢えた人も多いのではないでしょうか。そういった中に、「本という友人」も加わっているでしょうか。そうなっていることを願います。人生という旅を、本という友人とともに楽しんでください。
　本書は、日本女子体育大学で国語表現を担当してきた3人の教員によって作成されました。同じ科目を担当しつつも、専門分野は少しずつ異なる3人が、チームワークを発揮しながら作成しました。高校生に国語を教えたり、外国人に第二言語あるいは外国語として日本語を教えたり、図書館が持つ機能や役割を研究したりと、3人のそれぞれの経験を持ち寄って、いわゆる汎用的な能力の育成を視野に入れて読書を取り扱いました。
　これまで、読書について楽しく学びながら、実社会・実生活に生きて働く言語運用能力を育成することを目指した本はなかったと思います。
　この新しい挑戦に、編集・出版のプロからアドバイスをいただき、完成することができました。本を制作するプロセスも、人生に少し似ているかもしれません。やはり、人生にも仕事にも頼りになる友人、仲間が必要なのです。

　　　　　　　　　　　　　　　　　　　　　　　　　　　　　　　　　　　影山陽子

―――――――【著者紹介】―――――――

稲井達也（いない・たつや）　分担：序章、Step 0・1・3・5・6

1962（昭和37）年、東京都生まれ。日本女子体育大学教授・附属図書館長。博士（学術）。専門は国語科教育学、学校図書館学。上智大学文学部国文学科卒。東洋大学大学院文学研究科博士前期課程・筑波大学大学院図書館情報メディア研究科博士後期課程修了。第41回学校図書館賞受賞（2011年）、第59回読売教育賞国語教育部門優秀賞受賞（2010年）。日本NIE学会常任理事。日本国語教育学会研究部会・高等学校部会運営委員。東洋大学、上智大学、横浜国立大学、慶応義塾大学で教職課程の兼任講師を務める。著書に『高校授業「学び」のつくり方―大学入学共通テストが求める「探究学力」の育成―』（東洋館出版社）、『資質・能力を育てる学校図書館活用デザイン―「主体的・対話的で深い学び」の実現―』（学事出版）、『「探究」の学びを推進する高校授業改革―学校図書館を活用して「深い学び」を実現する―』（共著、学事出版）、『主体的・対話的で深い学びを促す中学校・高校国語科の授業デザイン―アクティブラーニングの理論と実践―』（編著、学文社）、『世界から読む漱石『こころ』（アジア遊学194）』（長尾直茂・上智大学研究機構ほか編著、分担執筆、勉誠出版）、『授業で活用する学校図書館　中学校・探究的な学習を目ざす実践事例』（編著、公益社団法人全国学校図書館協議会）、『教科力シリーズ　小学校国語』（松本修編著、分担執筆、玉川大学出版部）などがある。

影山陽子（かげやま・ようこ）　分担：I章、Step 2・4・7・9・11

1968（昭和43）年、静岡県生まれ。日本女子体育大学体育学部准教授。修士（人文科学）、修士（キャリアデザイン学）。専門は日本語教育学、キャリアデザイン学。静岡大学人文学部法学科卒。百貨店勤務を経て日本語教師（日本語教師養成講座420時間修了・日本語教育能力試験合格）となる。日本語学校勤務の後、お茶の水女子大学大学院人間文化研究科言語文化専攻日本語教育コース修了。ウォータールー大学レニソン・カレッジ（カナダ）、ニューサウスウェルズ大学（オーストラリア）でTA、お茶の水女子大学非常勤講師、専修大学非常勤講師、国学院大学非常勤講師、東京水産大学（現・東京海洋大学）非常勤講師、日本女子体育大学専任講師を経て現職。東京大学兼任講師。法政大学大学院キャリアデザイン学研究科キャリアデザイン学専攻修了。法政大学、立教大学で兼任講師、東京都町田市社会教育委員を務める。日本語教育学会アカデミック・ジャパニーズ・グループ幹事。著書に『主体的・対話的で深い学びを促す中学校・高校国語科の授業デザイン―アクティブラーニングの理論と実践―』（稲井達也、吉田和夫編著、分担執筆、学文社）がある。

松崎史周（まつざき・ふみちか）　分担：Step 8・10、日本語の練習帳（ドリル1〜10、解答）

1973（昭和48）年、東京都生まれ。国士舘大学准教授。修士（教育学）。専門は国語科教育学、日本語学。和光大学人文学部人間関係学科卒、信州大学大学院教育学研究科教科教育専攻国語教育専修修了。保善高校非常勤講師、淑徳巣鴨中学・高等学校専任講師、長野清泉女学院中学・高等学校教諭、清泉女学院短期大学非常勤講師、信州大学非常勤講師、目白大学専任講師、日本女子体育大学専任講師を経て現職。著書に『論理的思考を鍛える国語科授業方略【中学校編】』（井上尚美・大内善一・中村敦雄・山室和也編著、分担執筆、渓水社）、『日本語・国語の話題ネタ―実は知りたかった日本語のあれこれ―』（森山卓郎編、分担執筆、ひつじ書房）、『国語科重要用語事典』（髙木まさき・寺井正憲・中村敦雄・山元隆春編著、分担執筆、明治図書）、『主体的・対話的で深い学びを促す中学校・高校国語科の授業デザイン―アクティブラーニングの理論と実践―』（稲井達也・吉田和夫編著、分担執筆、学文社）がある。また、幼児期の言葉の教育についても複数の論考があり、小・中学校国語教科書の編集協力者も務めている。

高校生・大学生のための読書の教科書
アウトプット力を高める11のワーク

2019年4月15日　初版第1刷発行

編著者──稲井達也

著　者──影山陽子・松崎史周

発行者──安部英行

発行所──学事出版株式会社
　　　　　〒101-0021　東京都千代田区外神田2-2-3
　　　　　電話 03-3255-5471
　　　　　http://www.gakuji.co.jp

編集担当　丸山久夫（株式会社メディアクリエイト）
本文イラスト　海瀬祥子
装　　丁　精文堂印刷デザイン室　三浦正已
印刷製本　精文堂印刷株式会社

© Tatsuya Inai, Yoko Kageyama & Fumichika Matsuzaki, 2019 Printed in Japan

落丁・乱丁本はお取替えします。

ISBN978-4-7619-2556-7　C3037